変革の勇気

観光・サービス業が生まれ変わる方法

佐々木 司 編著

FSC 金融ブックス

まえがき

コロナ禍は世界中の観光業に深刻な打撃を及ぼしましたが、本当にコロナの影響が出てきて厳しい状況になるのはこれからだと思います。しかし、じつは日本において問題はコロナ禍だけではありません。

日本の観光業は前々から時代の変化への対応を求められていました。にもかかわらず、それがひどく遅れていることが、今回のコロナ禍によって、よりはっきりと浮き彫りにされた、という印象です。

わたしたちはよく、大手旅行会社の企画の方や新規事業の担当の方とお話をしますが、宿泊業の方は今を乗り切ることで精いっぱいなのでしょうか。

また２０２０年夏以降は、Ｇｏ Ｔｏトラベルがあることである程度盛り返すことができていましたが、それが終わった後はどうでしょう？　間違いなく急激な売上の落ち込みと宿泊単価の低下が到来するのではないでしょうか？

特に中小規模の旅館・ホテル・施設にとって、これは当然、想定しておかなくてはならないことですが、準備している方は極めて少ないようです。こうした旅行会社の担当さんの嘆きを聞いて、わたしたちも観光業、宿泊業の未来を心配しています。

日本の温泉文化や良い温泉をのちの世代まで残し、伝えていきたい。わたしたちはそんな強い思いを持っています。その文化を形づくっているのは、全国の一つ一つの旅館やホテル、一つ一つの地域に他なりません。

この先に訪れる難局を生き抜くための工夫と努力を重ねれば危機を回避できることはたくさんあります。その工夫・努力によって誰も悲しまずに済むように現状を変えていきたいのです。

Ｇｏ Ｔｏ後、コロナ禍の時代を生き抜く方法として考えられることを端的に挙げれば、もともとの温泉とおいしい料理、おもてなしの心という大前提を踏まえて、次の３つです。

・新たな付加価値（サービス）をつくる
・地域と連携する（点から面の活動へ）
・マスメディア、ＳＮＳを活用する（体力のない中小事業者がすべき方法）

本当に苦しいとき、多くのケースでは金融機関は助けてくれません。現実は厳しいのです。自らを助けるために、この3つを頭に入れて、自助精神で取り組んでいかなくてはなりません。中小規模の旅館・ホテル・施設にはそうした覚悟が必要であることを、本書でお伝えしたいのです。

そして、〝不要不急〟のものとされてしまう観光に、そうでない部分、つまり人々の生活のためになくてはならない仕事、今後の社会の基盤の一つとして欠かせないサービスを組み入れることをご提案していきます。

わたしたちは2016年にくらしデザインラボという会社を立ち上げ、観光・レジャー事業を一つの大きな柱として活動しています。

手がけているのは、神奈川県小田原市にある観光農園〈ベリーの森 おだわら〉、岩手県胆沢郡金ケ崎町にある温泉リゾート〈みどりの郷〉です。この〈みどりの郷〉には観光農園〈ベリーの森 いわて〉も複合されています。

いずれも大勢のお客様に楽しんでいただける人気スポットに育てあげ、おかげでコロナ禍によるダメージにめげることなく、それぞれの地域の活性化に貢献できているとの自負があります。

そして2022年には、これらと同じく観光農園を核としたレジャー施設を、日本を代表する観光地の一つである栃木県日光市にオープンする予定です。これも県や地元企業・商工会の方々からも大きな期待を抱いていただいています。


実は、わたしたちはこれまで観光業に携わったことは一切なく、会社設立はまったくのゼロからのスタートでした――と言うと驚かれるのですが、これは事実です。

ふり出しは小田原。企業でコンサルティングの仕事をしていたとき、地元企業から「農業をやりたい」という相談を受けました。それで法人を立ち上げる準備をしていたのですが、その会社が方針を転換したため、計画は宙に浮くことになってしまいました。

それならせっかくここまで関わったのだから、自分でやってみよう。

ということで、その計画を引き取り、スタートしたのです。

しかし、農業はやろうと思って勝手に始められるものではありません。自治体や地元の農業委員会などから認可を受けなくてはなりません。さっそく願い出て「まったくの未経験です」と言うと、普通は「農業をなめるな」と言われて即座に却下されてしまうのですが、小田原市の場合は実に寛容に「そこまで熱意があるならチャレンジしてみますか」とやらせてくれました。それがすべての始まりでした。

わたしたちはイチゴやブルーベリーを栽培する園芸農業を独学で学ぶとともに、借地料やハウス建設費など、約4000万円の初期投資をして開業。手前味噌になりますが、これがたいへんうまくいき、神奈川県西部でも指折りのイチゴ狩りスポットとして、東京や横浜の若いファミリーのお気に入りになることができました。今では〈じゃらん〉において日本全国700か所のいちご園の中で人気ランク第10位の施設にまで成長しています。関東エリアでの集客が優秀だったため表彰もしていただきました。

そしてこの観光農園〈ベリーの森〉を、今度は岩手県の〈みどりの郷〉で展開しました。当時、〈みどりの郷〉はあまり観光資源に恵まれておらず、20年以上赤字経営が続き、さびれる一方の温泉宿泊施設でした。

それを買い取ったわたしたちは、そこにイチゴ狩り・ブルーベリー摘みができる観光農園をプラスしたのです。すると岩手県内はもとより、東北北部一帯から若いファミリーを中心にお客様が次々と訪れるようになり、時代に取り残されたような風体だった施設は、笑顔と賑わう声に包まれて、みるみるいきいきとした世界に生まれ変わりました。

この小田原・岩手の施設を開発・運営してみて、わたしたちが感じたのは、小さな旅館・

ホテルでもこれまでのやり方にとらわれず、何らかの付加価値を提供すれば、お客様に喜んでいただき、良いビジネスができるということです。

２０２０年のコロナ禍によって観光業は大きな痛手を受けました。経営危機をしのぐために、事業継続のために借入をしたものの、返済負担が重くのしかかっている施設も少なくないでしょう。もしかしたら、あなたもそうなのではないでしょうか？　少なくともわたしたちはそうです。

だから今こそ考える必要があるのです。

観光業とは人に、社会に何をもたらす仕事なのか？

その本質に立ち返って、そこから何か新しいこと、今までの事業にプラスアルファできることはないだろうか？

今後、少子高齢化や人権を尊重するという流れがさらに進み、より安心で安全な社会がつくり上げられていくなかで、どんなことができるのか？

そう考えていくと、今回のコロナ禍は「もう切り替える時期だよ」という合図なのではないでしょうか。

コロナ禍は「切り替える時期だよ」という合図です。

今までの常識や価値観を過去のものとしてとらえ、残すべきは残し、変えるべきは変える絶好のチャンスがきているのです。先入観や思い込み、業界の垣根など、いろいろな障壁を乗り越えて、時代の変化に対応していきましょう！

あなたの年齢が今、おいくつかは関係ありません。経験があるかないかも関係ありません。この先も観光業を続けていきたい、あるいは新たにチャレンジしてみたいと思っているすべての人に、この千載一遭のチャンスを生かし、新しい観光ビジネスを創っていくヒントをお話していきます。

目次

第2章 新しい価値のつくり方

第3章　実践！価値創造

第4章　観光業の未来

第1章

日本の観光業には変化が必要

1　コロナ禍がつきつける中小旅館・ホテルの課題

東京2020オリンピック・パラリンピックの開催によって大きなインバウンド需要が見込まれ、観光業界には近年かつてないほどの好景気が訪れるだろうと期待されていました。それを見事なまでに吹き飛ばしたのが新型コロナウイルスです。

中国で流行っていたうちはまだ対岸の火事でしたが、欧米に飛び火して感染者数・死者数が膨れ上がると、3月11日にはWHOからパンデミック宣言が出され、同月24日に東京2020オリンピック・パラリンピックの一年延期が発表されました。

国内でも都市部を中心に感染が広がり、ついに4月には政府から緊急事態宣言が発令。人の行き来がほとんど途絶えてしまいました。例年なら観光業者にとって書き入れ時になるはずの大型連休（とその前後）が完膚なきまでに潰されてしまったのです。わたしたちが運営する「みどりの郷」もおよそ3か月の間、閉館を余儀なくされました。

余波は続き、観光関連の業種はガタガタになり、売り上げは激減。一例として、旅行代理店である日本旅行は8月の中間決算で、子会社を含む連結の営業損益が64億4100万円の赤字（前年同期は1億円の黒字）と発表しました。同社単体の国内旅行の収益は55億6300万円、これは前年同期比60・6％減といいます。中小規模の宿泊施設の状況はさらに厳しく、旅館やホテルでは、前年比9割以上のマイナスというところも少なくありません。すると運転資金を調達しなくてはなりません。

ここで問題なのはコロナ禍の前はどうだったのか？　ということです。もともと人気が高く、集客力があったところは持ちなおしのための算段が付きます。しかし、もともと苦しかったところはコロナが収まったとしても存続は可能なのでしょうか？

わたしたちは旅館・ホテルを経営されている方々と話す機会も多いのですが、皆さん、目の前の仕事で精いっぱいという感じです。

政府が支援策としてGo　Toトラベルキャンペーンをやっても、2020年8月11日の日本経済新聞ではその登録が宿泊施設の3割に留まっていると報道しています。申し込み・登録はインターネットで行うのですが、それがわからないからと言って放置してしまうのです。これから先はインターネットを受け入れないとビジネスはできなくなります。ネット社会についていけないと生き残るのは難しい。登録をしないでいる皆さんは、残念なことにそれがわかっていません。

もちろん個人的なつながりと口コミを頼りに、知る人ぞ知る〈隠れ宿〉や〈秘湯〉といった特別な存在として生きる道はあります。しかしそれにしたって何らかの形で発信して〈隠れ宿〉や〈秘湯〉であることを知ってもらい、利用してくれる固定客が一定数いなくては経営は成り立たないでしょう。

長い間、変わることを拒みながら、それでもなんとかやってこられた中小・零細企業、個人経営の旅館やホテルは少なくありません。しかしコロナ後も〝なんとかなり続けること〟はほぼ不可能と言っていいでしょう。

平時の資金返済に加え、自粛要請期間に借り入れた運転資金の返済が上乗せされ、それを合わせて返済することは大きな負担になります。２０２１年から２０２３年あたりは正念場になるでしょう。そこに向けて経営の見直し、新しい施策を練らなくてはなりません。

では立ち直るためになぜそうした変化が求められるのか？　しばし日本の観光業のこれまでを振り返りながら考えてみましょう。

POINT

苦しいながらなんとか持ちこたえてきたところも、コロナ後は本当に危うくなる。今こそ変わるための準備を。

2　日本の観光業のこれまで

１９６０年代〜：観光の大衆化・大型化によって観光スタイルが確立

高度経済成長期に多くの日本人が豊かになりました。それとともに、観光業・レジャー産業は大衆化し、大規模に発展しました。何と言っても人口が1億人を超え、それも今と違って若い世代が増えていた時代です。

国内の観光客もどんどん増え、全国の有名観光地・温泉地はたいへんな賑わいを見せました。特に静岡の熱海や伊東、伊豆方面、栃木の日光・鬼怒川温泉、群馬の草津や伊香保温泉などは人口が密集する首都圏に近いこともあり、季節を問わず、宿泊の予約を取ることと自体が困難でした。

この時期、宿泊客の中心は団体旅行の人たちです。企業の慰安旅行、町内会や○○友の会などのバスツアー、学校の修学旅行など、さまざまなコミュニティのさまざまな団体が、旅行代理店が設定した旅行プランに乗って来訪。貸切バスで観光地を周遊しながらその土地の名物料理を味わって旅館やホテルに宿泊していました。

現在でも、おそらく50代以上の人は、そうした時代の旅を懐かしく思い出し、観光旅行と言えば、このようなパッケージ型の旅行スタイルをイメージするのではないでしょうか。旅館の娯楽室で卓球やゲームに興じる、○○饅頭や人形、こけし、置物、キーホルダー、ペナントなどをおみやげに買って帰る――といった思い出のある人も多いはずです。

旅館・ホテルの側では、こうした団体旅行客に対して、画一的な宴会料理を出し、宴会料で儲けるのが定番のビジネスモデルになっていました。宿泊や食事を提供される側も、ほぼそれで満足できており、むしろ「みんなと同じスタンダードな観光旅行」を求めていたのです。

1970年代～：自由旅行の萌芽

しかし時代が下がるとともに、そうした決まったパターンの旅行スタイルを嫌い、自分流の自由旅行をする人が若者を中心に増えてきました。当時のヒッピー文化などの影響もあり、ユースホステルなどを利用して、お金をかけずに全国各地を回るバックパック旅行が広く知られるようになったのは、オイルショックなどで高度経済成長時期の価値観が大きく揺らいだ1970年代以降です。

それにつれ、日本人の旅行スタイルは少しずつ多様化し、自分で旅行プランを立てて宿泊先を選ぶ人が増加。観光客の求めるものが、個人や家族、仲間による体験・交流型に変化し始めました。それとともに団体客はだんだん減少し、旅館・ホテルもそれまでのように宴会接待などでは儲けにくくなっていきました。

1980年代～：バブル経済とリゾート開発

その後、オイルショックを乗り越えて日本経済が再び活気を取り戻し始めた頃、日本の観光旅行は大きく形を変え始めます。きっかけは1983年の東京ディズニーランド開園でしょう。その大成功に影響され、全国にさまざまなテーマパークが建設され、人が押し寄せるという現象が起きました。

またその一方、スキーをはじめとするウインタースポーツ、ダイビングなどのマリンスポーツが若者の人気を集めて大流行。広く普及するようになりました。

そしてバブル経済の好景気とともに、リゾート開発は一気に加速。全国に新しいリゾート地が続々とオープンし、観光の目玉になっていきました。

1990年代～：宴会需要の激減

リゾートブームはバブル崩壊（1990年代前半）とともに過ぎ去り、雨後のタケノコのように乱立した各地のリゾート地、および、その周辺の観光業者は苦境に立たされることが多くなりました。

また、バブル期は地方に利益を誘導するために、中央省庁と地方自治体との官官接待が慣習となっていました。ところが、こうした接待が禁止されると、宴会の需要は激減してしまいます。

民間企業も経営の悪化によって宴会はもちろんのこと、出張のための交通費や宿泊費を削減するようになりました。そのため、法人のニーズと宴会に頼っていた旅館・ホテルの売り上げはガタ落ちになってしまったのです。

観光立国宣言／ビジット・ジャパン・キャンペーン開始（2003年）

現在につながる社会変化――情報化、グローバル化、および少子高齢化が進む中、当時の小泉純一郎首相が、2003年の国会施政方針演説で「2010年に訪日外国人を年間1000万人にする」と、観光立国を宣言。4月に国土交通大臣を本部長とする〈ビジット・ジャパン・キャンペーン実施本部〉を設けてキャンペーンを開始しました。人口減少によって低迷する日本国内の消費を喚起するため、その後の歴代政権が成長戦略の一環として継続してこれに取り組むようにました。

以後、インバウンド需要は伸び続け、特に中国からの観光客が激増しました。そして2020年東京オリンピック・パラリンピック開催が決定した2013から2019年までは非常な勢いで増加し、2013年の2306万人から19年は3188万人へと、1・5倍の伸びを記録しました。

インバウンド需要の伸長と現在

インバウンド需要が伸びる中、2008年にはアメリカの投資銀行・証券会社の「リーマンブラザーズ」の経営破綻により、世界の金融市場と経済が危機的な状況に。景気後退を懸念して企業が出張回数を減らしたり、宿泊費の上限を下げたりしたため、観光業界もその波に揺られました。

インバウンド需要は2011年の東日本大震災によっていったん止まりますが、その後盛り返し、前述のように急成長。外国人に人気の高い東京・京都、富士山の眺望が楽しめる宿の中にはインバウンド専門というところも現れました。しかし、近年の観光業活況の要因の一つだったこのインバウンド需要は、2020年のコロナ禍によって一気に潰れてしまいました。

半世紀以上にわたるさまざまな社会状況・経済状況の変化。それに応じて日本の観光業界は、高度成長期に出来上がったスタンダードなスタイルを、それぞれの時代に合わせて調整しつつ変化してきたわけです。

しかし、漠然と信じられているその〈スタンダード〉は、コロナ禍を機に見直しを図る必要があるのではないか、そうしなければこの先立ちいかなくなってしまうというのが、わたしたちの見解です。

POINT

高度成長期の観光業のビジネスモデルは、賞味期限が切れており、間もなく消費期限さえも過ぎようとしている。

3 観光客の嗜好の変化とは

あくまで参考資料ですが、ここで2つのデータをご紹介します。

1つは2020年実施の『じゃらん宿泊旅行調査2020』です。

2019年度上期（4月～9月）は1・4％増と好調でしたが、下期（10月～3月）に15・5％減に転じました。特に3月は前年同月比57・0％減と大きく減少。これがコロナの影響であることは言うまでもありません。

旅行を控えるようになったのは一定年齢以上の女性と高齢者層です。メディアによる連日の報道の影響も

図表：宿泊時期（1人あたり最大3回までの旅行件数、単位：万件）

	3月	合計	上期計	下期計
19年度	395	9,859	5,637	4,222
18年度	920	10,557	5,560	4,997
増減率	▲ 57.0%	▲ 6.6%	1.4%	▲ 15.5%

出典：『じゃらん宿泊旅行調査 2020』（リクルートじゃらんリサーチセンター調べ）より抜粋。出張・帰省・修学旅行などによる宿泊旅行は含まない。

図表：宿泊旅行の同行形態

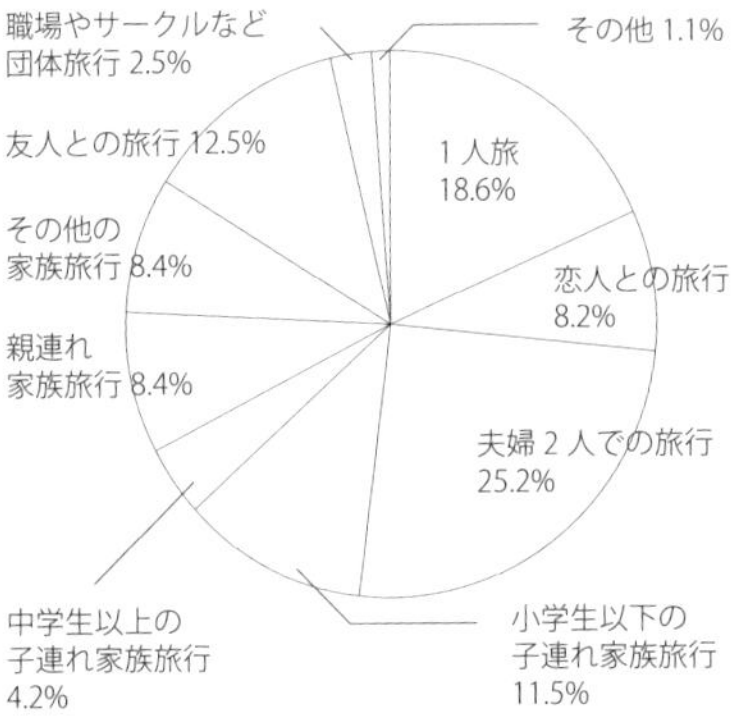

図表：1回あたりの宿泊旅行費用（単位：円）

	大人 1人あたり	前年度比
19年度	59,800	2.2%
18年度	58,500	—

出典：いずれも『じゃらん宿泊旅行調査2020』（リクルートじゃらんリサーチセンター調べ）より抜粋編集。

あって、感染症に敏感になっている人が多く、今後も当分は消極的な態度が続くかもしれません。しかし逆に言えば、こうした人たちを積極的に動かすような宿づくり・旅づくりが鍵になるのではないでしょうか。

個人旅行、パック旅行ともに総額・宿泊・現地消費いずれも増加しており、1回の旅行にかける費用は上昇傾向といえます。

人は普段の生活にはない特別なものを旅に求める傾向があります。だから積極的にお金をかけたくなる良いものを提供し、人数は少なくてもいいから単価を高くする方針で取り組んだほうがいいのではないかと思われます。

最も割合が高いのは「夫婦2人での旅行」。

図表：旅行の動機（複数回答可）

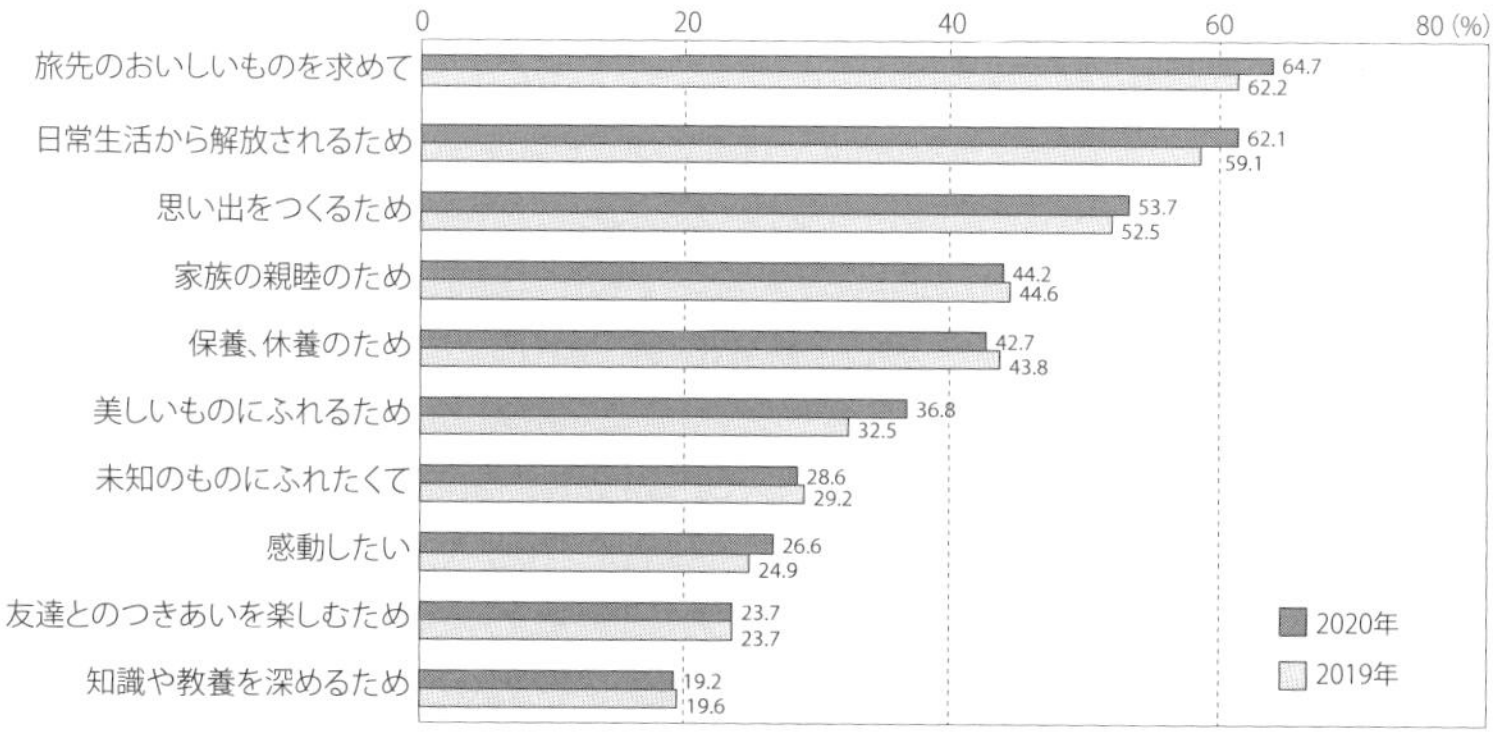

出典：『旅行年報 2020』（公益財団法人日本交通公社）より抜粋。

次いで「1人旅」が上昇し過去最高値となりました。社会全般的にも個人が1人で行動するケースが増えており、観光旅行もその例外ではないということでしょう。特に若い人たちの間では今後、この傾向はだんだん強まっていくのではないかと思います。

もう1つは日本交通公社から発行されている『旅行年報2020』で、一般人に対するアンケート調査をまとめたものです。その中から「I-4 日本人の旅行に対する意識」の中の「2 旅行の動機」をピックアップしてみましょう。

1位の「旅先のおいしいものを求めて」は単純ですが、続く「日常生活から解放されるため」「思い出をつくるため」というのは、かなり複雑で抽象的な動機です。

さらに「美しいものにふれるため」「未知のものにふれたくて」「感動したい」といった回答も上位にランクされています。人それぞれセンスもイメージも異なるこうした動機をどのように解釈・分析して宿づくり・旅づくりに生かせるかがポイントではないかと思われます。

また、家にいながら、テレビやインターネットを介してバーチャルな世界旅行ができてしまう時代です。リアルならでは、アナログならではの体験を提供できるかも重要です。

確実に言えるのは、人はうまく言葉では言い表せない潜在的な〝何か〟を、旅行に求めているということです。表面上は癒しとか、思い出づくりといったことを口にしますが、その奥に生活に刺激を与えてくれる〝何か〟、予定調和でない〝何か〟、バーチャルでは味わえない〝何か〟、あわよくば人生を変えるかもしれない〝何か〟に出逢えたら……皆、そんな期待を旅行に対して抱いているのではないでしょうか?

POINT

人が観光旅行に求めるものはますます多様化している。言葉にできない〝何か〟について考え、カタチにしよう。

4　観光業における〝コト消費〟の追求

消費者の嗜好の変化について調査し考える際、コト消費という言葉を聞いたことがあるでしょうか？　マーケティングの分野ではよく「モノ消費からコト消費へ」といった言い方がされています。

高度経済成長期以降の日本人の消費行動は、三種の神器（冷蔵庫、洗濯機、掃除機）や通称３Ｃ（Car＝乗用車、Cooler＝クーラー、ColorTV＝カラーテレビ）に象徴されるように、モノを所有するという価値を重視してきました。このような消費傾向がモノ消費です。

これに対するコト消費という言葉は、消費者の価値観やお金の使い方が、従来とは大きく変化したことを印象づけるために使われるようになりました。時期としては２０００年頃からです。

バブル経済の崩壊後、日本の経済が長らく停滞し、社会全体でなんとかしようともがいていた時期であり、インターネットが本格的に普及し、人々の価値基準が多様化、細分化していった時期とも重なります。

「コト消費」の典型的な傾向は、所有のためではなく、趣味や行楽、演芸の鑑賞などで得られる特別な時間や体験、サービス内容や人間関係に重きを置いて支出することで、それが買う・買わないの判断基準になっています。

消費者がコトにお金をかける傾向が出てきたことから、企業などの売り手側もそこに焦点を当てたサービスの開発や、商業施設の展開を進めています。

例としては、駅構内に英会話スクールなどのサービス業を含めた多様な業種・業態を展開する「駅ナカ」の開発、そしてファッションショーやセミナー、体験会、ワークショップなどが開催できるスペースを多数設けた商業施設の展開が挙げられます。鉄道会社も、乗車時間を単なる移動の時間として過ごすのでなく、その時間を楽しめる観光列車や豪華寝台列車の開発に力を入れています。

観光業で最もオーソドックスでわかりやすい例は、京都が発祥と思われる観光客向けのレンタル着物サービスでしょう。単に街を散策するのではなく、着物を着て気分を変えて出かけることによって街の風情を味わい、より観光が楽しくなる。他では撮れない記念の写真もたくさん撮れる、総じてその旅行ならではの価値ある体験になる――ということで、観光客、特に女性に大いに喜ばれています。

このレンタル着物サービス、1980年代にはすでに登場していたようですが、人気に拍車がかかったのはやはり2000年以降のこと。需要の高まりに応じて次々に新しいレンタル着物店ができ、観光の中心となる祇園界隈には無数のレンタル着物店が軒を並べるようになりました。

外国人観光客が増え、日本の人気が高まったことも追い風になったようです。ちなみに日本のみならず、どこの国でも物資が行きわたり、社会が豊かになってくると、この〝モノ消費からコト消費へ〟の現象が起きると言います。

観光旅行そのものがコト消費であるともいえますが、その中でもどんな〝コト〟——どんな体験、どんな遊び、どんな学びを提供すれば、お客様に喜んでいただけるか、そしてお金を出していただけるかが、人気観光地、人気の宿にするための課題となるでしょう。

POINT

〝モノ消費からコト消費へ〟は豊かな社会の必然。わたしたちのお客様は富裕層でなくても、豊かな社会で暮らす豊かな人たちなのです。

5 起業精神で改革しよう

有名観光地にあふれる身売り話

過去半世紀あまりを俯瞰してみると、観光業は衰退産業になってしまった面があります。データを見る限り、２０１１年の東日本大震災以降は元気になっているようにも見えますが、実際はこの10年くらいで規模の大きい旅館・ホテルでも、所有者が替わっているところがたくさんあります。

これはそれまでの所有者が見切りをつけて安く販売するといったケースがほとんどです。売りに出された旅館なりホテルなりを買い取った大資本は、改装費をかけずにそのまま使用し、利用客をバスで送迎するというプランを作ります。そして、すべてパッケージになって1万円前後といった商品をインターネット上で販売しています。

たとえば、わたしたちが携わっている栃木の鬼怒川温泉界隈は、10年ほど前と比べると、大半のホテル・旅館の所有者が替わっているという状況です。さらに身売りの話がいろいろ伝わってきており、買い手を待っているところがいくつもあります。

もともと本業を持っていて投資として宿泊業をやってきたような人や会社は売りに出し、買い手がつけばそれでオーケーです。

しかし本業としてやっている方、代々宿を営んできたという方、愛情を持ってこの仕事に専念してきたという方は違います。昔と比べて儲からなくなったからと言って、そう簡単に「はい、諦めます。売りに出します」という気持ちにはならないでしょう。働いて支えてもらってきた従業員に対する責任もありますし、一生懸命なんとかしようと知恵を絞っている状況です。

衰退産業から新興産業へ

こうしたケースをはじめとして、地方ではほとんどの中小規模の宿泊業は慢性的に経営が厳しい状態になっている――というのが、わたしたちの見解です。ごく一部の人気の宿と言われるところが常に満室で、ちょっと料金を高く設定していますが、それ以外の多くはギリギリの料金設定で、なんとかその日その日をしのいできていたわけです。

ところが今回の新型コロナウイルスによる災禍によって、こうした状況が急速に悪化してしまいました。観光客が来なくなり、売り上げがほとんどゼロになり、営業できなくな

図表：新型コロナウイルス関連倒産件数

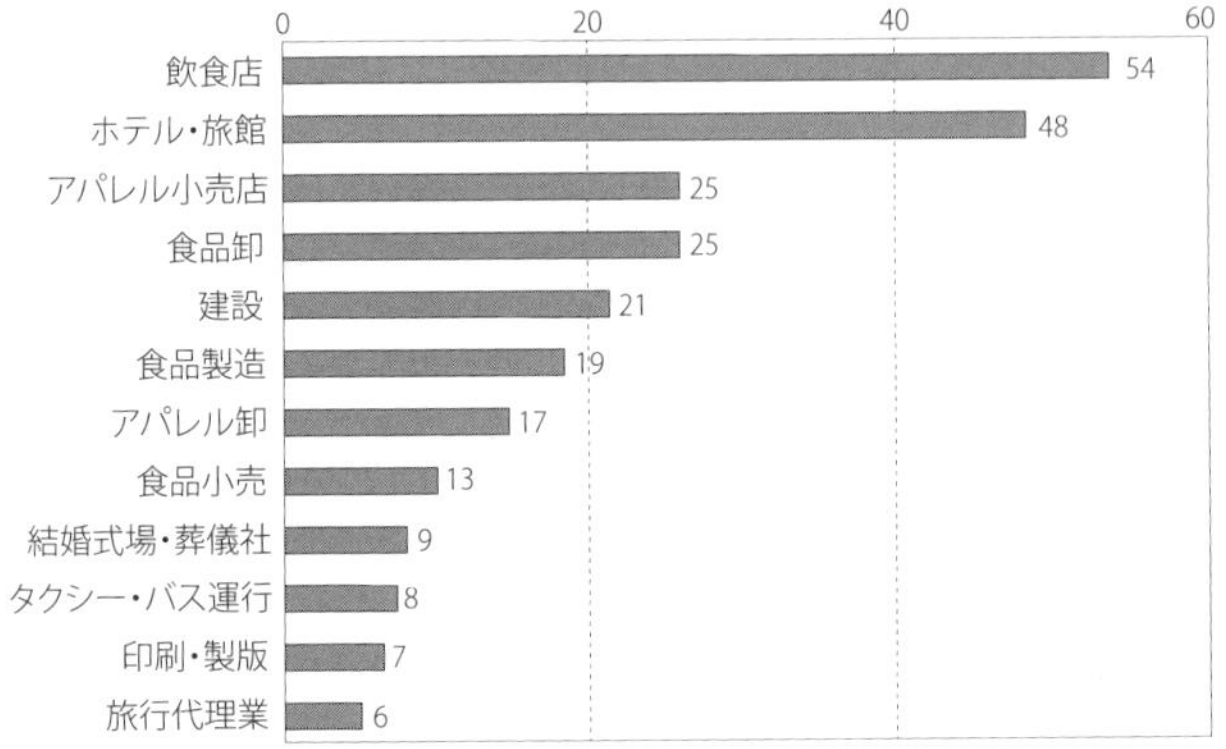

出典：「特別企画：新型コロナウイルス関連倒産　動向調査」（帝国データバンク）より上位の業種を抜粋

り、いわば〝ダメ押し〟をされて閉館してしまった――そういう旅館やホテルは全国にどのくらいあるのでしょうか？

２０２０年10月９日に帝国データバンクから発表された「特別企画：新型コロナウイルス関連倒産　動向調査」によると、新型コロナウイルス関連倒産（法人および個人事業主）は、全国で６０１件。業種別では、最多の「飲食店」（86件）に続いて「ホテル・旅館」は59件となっています。苦しい思いをしながら保ち続けてきたものが崩れていく印象があります。

しかし、こうした状況を嘆いてばかりいても仕方ありません。この際、衰退した古い１９６０年代型の観光業を捨てて、モデルチェンジするべきなのではないでしょうか。これからの観光業は新興産業です。わたしたちもそうですが、新しく起業するつもりで取り組まなくては先の時代へは行けません。

大手企業もビジネスモデルをチェンジ

では、どうやって新興産業のイメージを抱けるのかを考えてみましょう。

わたしたちがよく例として話すのがトヨタ自動車、パナソニックという誰でも知っている大企業のビジネスモデルの変換です。

トヨタは車を作って売る会社――のはずでした。けれども今は社会に「モビリティ・サービスを提供する会社」に変貌中です。

かつての日本人にとって自動車は本来の移動の機能とは別に、自分のアイデンティティを反映するための、あるいは社会的ステイタスを誇示するためのシンボル的な役割を持っていました。そのため、トヨタをはじめとする各自動車会社はそうしたニーズに応えて、バラエティ豊かなクルマを作っていました。

けれどもこの10年、20年の間にそうしたニーズはどんどん減っていき、今の20代、30代は上の世代ほどクルマにこだわりも執着心もありません。むしろ所有するのは面倒だから、必要なときだけ乗れればよいというスタンスです。つまりゴテゴテした飾りを取り去って、本来のニーズである移動の機能（プラス、乗り心地、使いやすさ）が求められるようになったのです。

モビリティ・サービスとは、自動車による移動や運搬をスムーズに行うためのサービスのことです。たとえばカーシェアリングやライドシェアなど、クラウド上で管理される交通サービスなども含まれます。トヨタが目指すのはそのプラットホームになることで、取締役社長の豊田章男氏は公式ホームページ内のトップメッセージとして「モビリティカンパニーへのフルモデルチェンジに向けて」というタイトルの一文を載せています。

そこでは「これから先は人々の暮らしを支える全てのモノ、サービスが情報でつながり、クルマを含めた町全体、社会全体という大きな視野で考えること、すなわち、〈コネクティッド・シティ〉という発想が必要となります」と述べています。そして、「街全体で暮らしの新たな価値を創造する」という目的を共有し、一緒に街づくりを進めるため、2020年5月、パナソニック株式会社と新しい合弁会社の設立に向けた契約を締結しました――と書いているのです。

そのパートナー企業であるパナソニックは松下電器時代のイメージで、いまだに家電メーカーと思っている人が多いようです。しかし現在のパナソニックは住宅の供給、さらに高齢者のための介護施設の運営などにも事業領域を広げており、〈家・くらし〉をテーマとした生活サポートを提供する企業に変わってきています。従来の家電製品の製造・販売は、あくまでそれらの一部という位置づけです。

田舎の小さな電気屋さんが生き残っているわけ

余談になりますが、田舎で小さな電気屋さんがしぶとく生き残っているのをしばしば見かけます。それができているのは「電球1個でも交換しに伺いますよ」と言って高齢者の家を訪問し、家の中のちょっとしたお手伝いや雑用をしてあげたり、寂しいときには話し相手になってあげたりしているからです。

今後、収益力を確保するために必要かつ重要なのは、人々の生活に入り込むこと、懐を開いてもらい飛び込ませてもらうこと、小さなことにも小回りを利かせて対応できること、そして「おかげで助かります」と言ってもらえることでしょう。近頃はどうやら大企業もそのあたりのことに気づいているようです。

〝おまけサービス〟の重要性

話を戻すと、トヨタもパナソニックと同様、グループ内に〈トヨタホーム〉という住宅の会社を持っているため、両社の住宅事業を核としながら、クルマやコネクティッド事業に強いトヨタと、家電や電池、IoT事業に秀でたパナソニック、両社の強みを持ち寄り、新たな生活スタイルの提供にチャレンジしていこうとしているのです。

こうしたトヨタ・パナソニックの生活サポート事業も、田舎の電気屋さんのお手伝いも、以前なら本業にプラスアルファの副業、くだけた言い方をすれば〈おまけサービス〉〈もれなくついてくるふろく〉のようなものでした。ところが現在はむしろそうしたおまけやふろくがあるからこそ車や家電を買ってもらえる、と言っても過言ではありません。多くの人に求められ、期待されているのは、そこのおまけやふろくの部分で何をしてくれるのか、なのです。

わたしたちが携わる観光業で言えば、「いい温泉、いい食事、いいお部屋があるのはわかりました。でもそれだけなら他にもいっぱいあるから、おたくを選ぶ決定的な基準にはならないんです。それで、おたくにはその他に何があるんですか？」

もしお客様にそう聞かれたら、あなたはどのように答えますか？

目標を書き出そう

その日その日をしのぐのが精いっぱいで、先のことなんて考えている暇はないよ、とあなたは言うかもしれません、けれども一日10分でいいので、将来のことを考える時間をつくってください。

どこか空いた時間、好きな時間でいいのですが、おすすめするのは朝起きてすぐです。一日が始まってしまうと、どうしてもいろいろな情報が頭に入ってきたり、速やかに処理しなくてはならないことが矢継ぎ早に襲ってくるので、なかなかやる気が起きません。毎日忙しい中で中長期計画を考えるのは、一晩眠ってクリアにした頭のほうが適しています。

未来をひらくための課題はもう明らかになっています。コロナ禍のダメージを克服し、自社ならではの付加価値をつくること。

ではこれを実現していくには何を、どうすればいいのか、次章以降で経営変革のためのヒントについて、わたしたちがやってきたことをはじめ、いくつかの事例を交えてお話していきます。それとともに、あなたの宿の現状を把握し、対策を立てるためのちょっとした自己分析ワークも行います。

その手始めに、ここであなたがこれから達成したい目標は何か、その実現のための課題は何か、具体的に書き出してみましょう。

「もっと人気の出る宿にして、売り上げを伸ばしたい」といった漠然とした感じでは駄目です。それはどんな目標で、達成のためには何が問題になっているのかを、あらかじめ明確にしておくのです。そうすると読み方も変わってきます。

書き出すと言ってもきちんとした文章を書く必要はありません。文章はできるだけ具体的に、短く簡潔に。たとえばこんな感じです。

売り上げを現在の2倍にアップさせたい。現在、週末はそこそこ来客があるが、ウィークデーはほとんどいない。ウィークデーに来てもらうにはどうすればいいか？

これくらいの簡潔な文にまとめてください。字数は多くても200字くらいまで。文章は4つくらいまでに留めます。

課題は自分だけでなく、友人やお客様にも聞いてみると良いでしょう。また、長年、日ごろからどうした良いか？　を考え続けているでしょうし、その前提で文章を書くと良いと思います。そして、そもそも何のために宿泊業をしているのか？　というところまで突っ込んでみてください。

この作業に取り組んでいるうちに、思いがけないところから「そうだ、これをやってみよう！」というアイデアが閃くこともあり得ます。しっかりした目的意識を持って一生懸命頭を働かせていると、そうしたインスピレーションのようなものも自然と湧きやすくなるのです。

POINT

根本的なところに立ち返り、目の前のこと、少し先のこと、ずっと先のこと。3つのことを一本につなげて考えてみよう。

コラム① 旅の醍醐味について

正直なところ、わたしたちはなりゆきで観光の仕事を始めてしまったようなもので、観光とか旅といったものに深い思い入れや何らかの意見を持っていたわけではありませんでした。そこで今回、わたし（坂井）は本書を書くにあたって自分の旅行歴を思い起こしてみることにしました。

わたしは岐阜県南部の各務原市（名古屋から車で小一時間程度の地域）の出身です。岐阜には飛騨高山をはじめ、観光客を引き寄せる数多くの名所がありますが、県内の観光地にはほとんど足を運んだことがありません。

ただ、子どもの頃は毎年のように家族で下呂温泉（全国的にも有名なはず！）に行っていました。特別な思い出ではありませんが、楽しい時間を過ごしたなぁという気持ちは残っています。

自分で旅行するようになったのは大学に入ってから。ちょっと休学して1人でバックパックを担いでアメリカを回りました。特に何かを求めて出かけたわけではないのですが、今思えば、いわゆる自分探しの旅だったのでしょう。普通の観光旅行でも、旅というのは必ずそうした自分の生活、人生を見直そうという潜在意識が働いているような気がします。

社会人になってからは毎年夏になると妻と二人で沖縄に行っています。たまたまでしたが、船便の関係で石垣島からさらに南の鳩間島まで渡ることになりました。島民が50人くらい、小さな宿が7軒ほどの離島です。素晴らしく海がきれいで、降るような星空に心奪われるところです。

そこに島で一つだけの小中一緒の学校があり毎年夏に運動会が行われます。島民以外の人も誰でも参加オーケーで、団体戦などは〈○○荘チーム〉〈△△の家チーム〉といった感じで、宿泊している民宿単位でチームを組むこともあります。それで仲間にしてもらって出場したら非常に楽しくてすっかりはまってしまい、毎年、東京から参加するようになりました。本当にすべてが偶然、すべてが想定外の出来事です。

最初のプラン通りに見るものを見る、楽しむものを楽しむことはもちろん大切ですが、思ってもみなかったハプニングやサプライズを受け入れて楽しみに変えるのも旅行の醍醐味です。いろんな旅を体験し、いろんな観光地を巡ることによって、その人の人生が開けるといい。宿や食を提供する側の皆さんも、そんな心を大切にしてお客様をお迎えできるといいのではないかと思います。

第2章

新しい価値のつくり方

1 自分の宿・自分の街・自分の土地を見直そう

自分の店、土地の良いところを書き出してみましょう。

おいしい野菜が採れる畑はないか、こだわりを持って作物を作っている農家はないか、ユニークな食堂はないか、面白い人はいないか、自分の足で探し回りましょう。新しい価値を見出すためには、まず肩の力を抜いて自分の足元を見つめ直すことが大切です。

小田原：美しい水がある「富水」

わたしたちの観光農園〈ベリーの森 おだわら〉には、ほとんどのお客様が東京や横浜方面から車でみえます。しかし電車の駅から歩いても割と近く、大人の足なら7、8分、子ども連れでも10分少々で到着できます。

その最寄り駅は小田急電鉄・小田原線の〈富水《とみず》〉。新宿方面から来ると小田原駅の三つ手前になります。この駅界隈は、昭和の頃、農政者・二宮尊徳（金次郎）の生誕地として知られていました。今でもベリーの森の近くには〈尊徳記念館〉という施設があります。かつては全国どこの小学校にも銅像（本を読みながら薪を背負って歩く少年像）が立っていた尊徳さんですが、平成以降は忘れられた偉人になりつつあり、若い世代の中には知らない人も増えているようです。

写真：ベリーの森 おだわら

尊徳人気の凋落とともに、かつては急行が停まり、箱根登山鉄道につながる直通電車が発着していた同駅も次第にマイナーに。利用客数は小田急線全70駅中67位（2018年）。下から数えて3番目です（1日平均駅別乗降人員、小田急電鉄）。

現在は各駅停車しか停まらないローカル駅。不便と言えば不便なのですが、最近の首都圏の鉄道ではあまりお目にかからない、少し田舎っぽさを残した小さな駅で、なかなか趣のある佇まいになっています。

そして何といっても印象的なのは「富水」という駅名です。富む水、すなわち水が豊富。周辺を流れる酒匂《さかわ》川《がわ》や狩《かり》川《がわ》の水を使った用水路や湧清水の水が豊富なことから名付けられたのですが、何とも素敵なネーミングです。

この湧清水は観光農園でイチゴやブルーベリーを育てるのにたいへん適していました。さらにベリーの森の敷地内には、まるで童謡〈春の小川〉で歌われるようなきれいな小川が流れ、小魚やカエルやザリガニが棲み、イチゴ狩りやブルーベリー摘みに来た家族の子どもたちが、暑い日にちょっと水遊びをするのには最適の場所なのです。

良い水はおいしさと楽しさをつくり出す――あらかじめ調べてこの場所に開園したわけではなく、あくまで偶然の産物でしたが、これはわたしたちにとって大きな発見でした。

何かにつけて環境問題が取りざたされる今日、自然由来の良い水、美しい水があることはその土地の財産であり、それだけで貴重な観光資源になるのです。しかし、わたしたちが来るまで、この周辺では水を観光資源として積極的に生かそうとする試みはあまりなかったようです。

岩手・金ケ崎：伝説と大自然

もう一つ、岩手で〈みどりの郷〉を買い取り、リニューアルオープンの準備を始める頃のお話です。地元の人に「ここの良いところは何でしょう?」と聞くと「ここには何もないからねぇ」と言われたのがひどく印象的でした。それは謙遜ではなく、明らかに自嘲的なニュアンスの呟きでした。

確かに〈みどりの郷〉がある金ケ崎町には平泉のような世界遺産もなければ、えさし藤原の郷のようなテーマパークもありません。花巻温泉のような有名温泉街でもないし、スキー場もゴルフ場もない。宮沢賢治や石川啄木のような文学者ゆかりの町とか、遠野のような民話の故郷でもない。もちろん盛岡のような都会でもありません。地元の人は、同じ県内のそういった全国的に有名な観光地と比較して「何もないよ」とぼやいたのでしょう。

問題はぼやくだけでそれ以上何も考えないということです。何か探そうとしないし、掘り起こそうとしない。逆に考えれば、本当に何もなければ固定的なイメージがなく、まっさらな白紙状態ということなので、自由に何でも始められるわけです。

平泉や花巻で観光農園を開くのは、先行する固定イメージを壊すことにつながるので難しいのですが、ここでなら自由にできます。しかも当時、岩手県内にイチゴ狩りができる観光農園はほとんどありませんでした。ですから始めれば人を集められる可能性は高いのです（実際にそのねらいどおりになりました）。

金ケ崎城はかすかに跡を残すだけで、人々からすっかり忘れられたお城ですが、記録を丹念に調べていくと深い歴史があることがわかります。それにあの有名な武将・伊達政宗も関わっていたことをアナウンスしていけば興味を抱く人も多いでしょう。わたしたちは小田原とリンクさせて、ここで「城下町いちご」という高級イチゴを売り出しますが、それも幻の金ケ崎城の伝説があるからできることです。

貴族や武将、文化人など歴史上の人物が関わっていなくても、こうしたその土地ならではのストーリーは、探せば何かしら見つかるものです。

図表：旅行・観光業の PEST 分析の例

◆Politics（政治）

・（海外）国家間の移動制限、訪日外国人観光客の激減
・（国内）県をまたいだ移動自粛要請
・公衆衛生の徹底（ソーシャルディスタンス、3密回避、マスク着用、消毒の徹底）
・Go To Travel キャンペーンなどの（官民一体型の地域活性化、需要喚起策）

◆Economy（経済）

・先進国の低成長
・移動制限、自粛による航空・観光・飲食業界の打撃大
・働き方改革（リモートワーク、フレキシブルワーク、RPA・AI などによる自動化）の本格推進

◆Society（社会）

・自粛による安全確保と、経済活動継続とのジレンマ
・旅行・移動・3密に対する不安意識の増大
・オーバーツーリズムの見直し
・SDGs を意識した持続可能な観光へ
・旅行意識の変革（国内回帰、マイクロツーリズム、大自然、応援消費、おひとり様、補助制度、バーチャル旅、ワーケーション、おこもりステイ、貸切旅、等）
・オンラインでの仕事の成立 地価・住居費の安い地方移住による社会の分散化（開疎化）

◆Technology（技術）

・オンラインツールの進化（会議ツール、コミュニケーションツール、等）による新たなビジネス機会の発見
・広告ツールの多様化（HP、SNS、ウェブ広告など）
・VR/AR/ リモートイグジスタンス技術の本格利用
・スマートフォン、クラウドサービスの一般化
・SNS の一般的普及（Twitter、Facebook、Instagram、YouTube 等）

旅行・観光業の現況を4つの視点から分析

旅行・観光業はいま、どのような環境に置かれているでしょうか。

それを4つの視点からPEST分析というもので整理したのが上図です。Withコロナ、Afterコロナの時代の前提として、これらがあることは知っておくと一つのヒントになります。

また、これを踏まえて、ＳＷＯＴ分析というものを行ってみるのもおすすめです。

ＳＷＯＴ分析とは、自社の強み（Strength）や弱み（Weakness）、機会（Opportunity）や脅威（Threat）を一つの表にまとめ、どうすれば自社の強みを社会的な機会、つまりチャンスに生かせるかなどの戦略策定に使うフレームワークです。

図表：SWOT 分析の例

	内部環境	外部環境
プラス要因	◆S　強み（strength） ・良質な温泉 ・都心から近い ・温泉から見える渓谷の景色が良い ・10 年前に作った貸切風呂がある ・従業員の年齢が 20 代～ 50 代と若い世代も在籍 ・歴史がありリピート客がいる ・ぶどう畑が多い道路グレープラインに面している ・B 町観光協会が一丸となって集客に力を入れている	◆O　機会（opportunity） ・Go To キャンペーンなどの施策 ・with/after コロナの新しい形式の旅の広がり ・ニューツーリズムの流れ （イベントツアー、体験ツアー、グルメツアー、マイクロツーリズム） ・近くの湾ではシラス漁が昔から有名 ・ワーケーションなど新しい働き方 ・SNS の普及 ・オンラインツールの普及
マイナス要因	◆W　弱み（weakness） ・自社ホームページがない ・施設が全体的に老朽化している ・ポータルサイトの評価が低い （料理、接客、見た目） ・客単価が低い ・紙での顧客情報管理など IT 化がなされていない ・企画力が弱い（画一的なサービス） ・駅から徒歩 15 分と少し遠い（送迎は行っていない）	◆T　脅威（Threat） ・コロナウイルスによる観光客の減少 ・公衆衛生ガイドラインの徹底 ・低価格帯旅館は価格競争となっている ・ここ数年で B 町において大資本の大箱旅館が増加 ・顧客の意識変化（宿泊＋温泉だけでは満足しない）

図にしたのは、温泉地にある架空の旅館〈いざない荘〉を分析してみたものです。

１９６５年創業のいざない荘は、都心から電車で２時間弱の有名温泉地Ｂ町にあります。１泊２食付き６千円～８千円／人という安さが人気となり、好景気な時代は連日満室。近年もインバウンド需要で潤っていましたが、コロナ禍によって大きなダメージを受けています。

こうして、4つのマスを埋めて概観すると、今後の戦略をどうしていけばいいかが見えてきます。この図をもとに、

強み×機会

を強く推進し、

次に

強み×脅威、弱み×機会

をカバーしていくのです。

例えば、「顧客の意識変化」というマイナス要因（脅威）を、「ぶどう畑が近い」というプラス要因（強み）で解消していきます。

そのための戦略として、周辺のブドウ畑を経営している事業者と連携して、ぶどう狩りやぶどう風呂、ぶどうを使った特別なスイーツなどを企画・開発します。

それらを宿泊プランに組み込み、お客様に対して体験型のプラン提案を行うことが考えられます。

このようにあなたの旅館やホテル、地域、お客様がすべて win-win-win になるような施

策を目指していきましょう。

強みと弱みを見出し、資源を把握する

ただ、灯台下暗しということわざもあるように、その土地の良さ・価値はなかなか地元の人間には見えにくいものです。また同様に、自分の宿の良さ・価値というのも自分だけではなかなかわかりません。厳しく批評的に捉えようとすると、あれもない、これも駄目といった問題点や不足しているところばかりがクローズアップされて見えてしまいます。それが他の人気観光地との比較につながって、価値の低いものとして判断してしまうからです。うぬぼれにならないよう、自己に厳しく冷静に客観的に評価しているつもりでも、実はこれも歪んだレンズで眺めていることと変わりありません。

そういう場合は外部の目線を入れてみてください。外部とは異なる文化・異なる価値観を持つ人間です。職業的なコンサルタントや相談相手、あるいは外国の人、あるいは世代の違う若者——自分の息子や娘世代、さらには孫世代の人に聞いてみてもいいでしょう。また、お客様アンケートは一つの事例として最高の資料になります。

そうした外部の目が入れば、自分や地元の人間だけでは見つけられなかった新しい価値を発見できる可能性が広がります。また、その外部の目線に合わせてクールな目と頭で宿

を、町を、土地を見つめ直すことができます。そこで自分の足元には、そして手の中にはどんな強み＝資産が眠っており、逆にどこが弱み＝負債になっているのか、だんだんはっきりしてくるはずです。

発想転換のヒントは小さなことの積み重ねから

わたしたちの場合、発想転換のヒントはごく単純なことでした。

観光農園を始めるにあたって、栽培技術の勉強がてら、イチゴやブルーベリーを栽培している関東圏の複数の観光農園を視察して回りました。そこで気が付いたのが、どこも一般の農家の方が運営しているせいか、接客に関してあまり力を入れていないということです。

お客様が訪ねてくると顔を出し、お金を払うと園内をひと通り説明してはくれます。けれども結局それだけです。

わたしたちは勉強を兼ねて来ていたので、水や肥料の与え方とか栽培の注意点など、あれこれ質問することには答えてくれましたが、一般の人はただイチゴやブルーベリーを採って食べておしまいです。

経営側はおいしいものを提供していればそれで十分、お客側もイチゴ狩りをして、食べ放題の感覚でイチゴをたくさん食べられればそれで納得――というわけで、観光農園とはそういうものという決まったパターンが出来上がっているようです。

わたしたちはそれにきちんとした接客サービスを加えようと試みました。何も特別なことをするわけではありません。ただお客様がみえたらスタッフが笑顔でお出迎えして、お話をして、園内を回る際はフォローし、ああしたい・こうしたいといったご要望に応じるという、いわゆるサービス業ならごく普通の接客です。

また、小田原の場合は、園内にある小川が子どもの遊び場にもなると思ったので、家族で楽しい時間を過ごすにはプラスアルファでどんなものがあればいいかをスタッフのみんなで考えました。そこで出てきたのは、

・イチゴにかける練乳やチョコレートのサービス
・屋台を出してわたあめなどをサービスする
・ベンチやブランコを設置して、休んだり遊んだりできるようにする
・ウッドデッキを作ってガーデンカフェのように楽しめるようにする　など。

一つ一つはごく些細なことですが、その些細なこと――取るに足らないような小さな強

みを積み重ねると、大きな差異を生み出します。発想の転換と言っても大げさに考えるのでなく、ちょっとした思い付きで構わないので、今日・明日からでもできることがあれば一つずつ実践することが大切です。それが弾みになって思ってもみなかった発想が生まれたり、他にはないユニークな観光資源として育てあげることも可能になります。

POINT

自分の施設・会社が置かれた現状をしっかりつかみ、深く掘り下げることによって未来が開ける。

2　マネジメントのテクニック

新しい価値観にのっとった観光業の経営に取り組み、事業を進めていくためには、具体的にどうマネジメントしていけばよいか、事業の各面で手法が必要になります。

では、その手法の基本についてお話していきましょう。

人材戦略（どんな人を採用すべきか）

わたしたちの会社では、経験のあるなしに関わらず、若い人を積極的に採用しています。若い人のほうが新しいことに対して躊躇なく飛び込んできてくれるからです。経験もあるより、むしろないほうが望ましいと考えています。いわゆる常識的な考え方にとらわれず、自由に、柔軟に対応できるところが若者および未経験者の魅力です。

若いファミリーなど、うちのお客様の年代に近く、どんなサービス、どんな商品を求めているのかを、感覚的につかめるという点も大きなメリットです。また、接客する以上、人当たりが良いかどうか、お客様に悪い印象を与えないかということも十分考慮します。もう一つは正直であることです。嘘をつかない人、真面目にコツコツやれる人を採用するべきでしょう。

頭の回転が早く弁の立つ人は確かに優秀なのですが、とかく嘘をついたり、口でうまいことを言ってごまかしたり、それで手を抜く傾向が見受けられます。いくら仕事ができても、そういう嘘やごまかしから起こるトラブルはひどい混乱を起こし、よけいな仕事が増えることにつながります。するとプラスマイナスゼロどころか、マイナスのほうが大きくなってしまうのです。ですから多少不器用でも真面目にコツコツ仕事に取り組み、ミスをしてもそれを隠さない正直さは大きなポイントになります。

正直すぎる人・真面目すぎる人はメンタル面が弱いこともありますが、誰だって仕事に責任を持って取り組んだり、上司にプレッシャーをかけられれば潰れることはあります。働きやすい職場をつくり、面倒がらずに問題を抱えた人の相談に乗ったりするのも、雇い主の義務です。最初からそんなリスクを気にしていては人を雇うことはできません。

人材育成の基本は「いきなり任せる」

採用した人にはいきなり仕事を任せます。ある程度の年齢で、なまじ経験のある人は失敗して面目を失うことを恐れるので、すぐに尻込みしたり、できない言いわけをします。その点、若くて未経験の人にはむしろ安心して頼めます。わたしたちは「失敗の数だけ人としての成長につながる。たくさん失敗してください」と社員に伝えています。

しかし、それで任せると、必要以上にプレッシャーを感じて深刻に思い悩み、ときには体調を崩してしまう人もいます。そんな場合は休ませたり、短時間勤務にしたりしてケアします。ひどくリスキーなことをしているように思われるかもしれませんが、機械でなく人間である以上、何年もずっと変わらず安定した体調・精神状態を維持することは困難です。人はときには病気になったりケガをしたりするものだという前提に立って雇うようにしましょう。

もちろん無事に、速やかに結果を出してくれれば、それに越したことはありませんが、目先の結果を急ぐよりも、時間をかけて我慢して育てて2、3年後の成果を期待したほうが、長い目で見た場合、結局はうまくいきます。

人件費は一種の投資です。転職組の場合、給料はだいたい前職と同じレベルかそれ以上出しましょう。いろいろ懐事情はあると思いますが、人を雇用する以上、まともに生活していけるだけの給金を出さなくては、それはもう事業とは呼べません。

地域のためになる仕事だからと、若者をひどく安い給料で雇い入れたり、ボランティア

図表：旅館・ホテルの長短借入金の比率

	長短借入金の比率
旅館	66.9%
大旅館（客室数 100 室〜）	61.9%
中旅館（客室数 31 〜 99 室）	75.2%
小旅館（客室数〜 30 室）	59.3%
ホテル	64.0%

出典：「令和元年度　営業状況等統計調査」（一般社団法人日本旅館協会より抜粋編集。

を推奨――という形の強要をしたりする団体も見受けます。けれども「給料が足りなければどこか他で副業をして稼げ」というのは、まともな事業でも雇用でもありません。

わたしたちの会社でも当初、スタッフから「未経験なのにいきなりこれだけの給料をいただくのは多すぎませんか？」と逆に言われたことがありました。「だってそれだけの商売をするんだから。これぐらいは稼いでいこうよ」と返しました。

その人は最初は日雇いのアルバイトで来たのですが、正規社員になって栽培技術を懸命に勉強し、現在は観光農園の主力スタッフに成長しています。

それなりの給料と仕事のやりがい。この二つが揃えば従業員満足度は確実に上がります。報酬に不満を抱えたスタッフ、生活に困窮するほどの経済的不安を抱えたスタッフがいては職場の士気も上がらないし、そうした空気はお客様にも必ず伝わります。

従業員満足度は、姿勢・態度・動作・話し方など、従業員のレベルアップにつながります。サービスの大部分はこうしたものの一つ一つでつくられているので、大きな影響を及ぼすことは間違いありません。高級旅館や高級ホテルのようにマナーや作法をピカピカに磨き上げる必要はありませんが、少なくとも日常レベルで良い印象のおもてなしができるよう、従業員満足度を上げることに取り組みましょう。

施設の改修

日本旅館業界による調査では、旅館・ホテルでは、総資産の3分の2が借入金だといいます。この数値は一説には、全産業平均の2倍以上とも言われます。

これは施設や設備といったハード面の建設費・メンテナンス料が非常に高くつくからです。コロナの感染防止策の一つとして、いくつかの温泉旅館・ホテルが大浴場以外に、個々の部屋に温泉風呂を設けるという措置が話題になりました。

確かに感染防止策の観点からは良い施策だと思いますが、あのように水廻りをいじるとたいへんなコスト――数千万、もしくは億単位のお金がかかります。

観光業――旅館・ホテルは、設備投資が大きい割に、それに見合うほどの単価は取れない業種です。そのため借入比率はどうしても高くなってしまいます。今回のコロナ禍でそれがもっと顕著になると思います。

安全・防災関連の設備の整備・改修は、きっちりお金をかけて行うべきですが、それ以外の設備投資は極力抑えて、ソフト面——サービスの充実に力を入れて集客した方が効率的だと思います。

資金調達テクニック

わたしたちが各地で観光業の方々とお話しした印象では、資金繰りがつかないから、と諦めている人、辞めてしまう人が多いようです。それは当然と言えば当然かも知れません。わたしたちも含めて一般的な中小規模の観光関連企業が、ほぼ〝手ぶら〟で銀行などに行って融資してほしいとお願いしても、それは無理です。よほどしっかりした担保がない限り、銀行が大金を貸してくれるはずがありません。日本の金融機関は、財務状況が悪化し、本当に困ったときにはお金を貸してくれないのです。残念ですがこれは本当のことです。

ではどうすればいいのでしょうか？　お金がなければ諦めるしかないのでしょうか？

そんなことはありません。旅館やホテルの経営でもひと手間かけて、あなたの観光事業が収益性か将来性があり、地域経済の活性化に貢献できるもの、すなわち公共性の高いものであると認められれば、国やその地域の地銀、都道府県や市町村などが力を貸してくれます。

①日本政策金融公庫と地方銀行

わたしたちが現在、行っている日光市における観光施設開発事業は、栃木県から「地域経済牽引事業」という認定をいただいています。この認定は栃木に限らず、どの各都道府県でも受け取れます。すなわち「地域経済に貢献できる事業です」という認定で、これがあると日本政策金融公庫から低利でお金を借りられるようになるのです。

日本政策金融公庫は財務省所管の特殊会社で、沖縄県を除く46都道府県で営業を行っています〈沖縄県には、別組織で〈沖縄振興開発金融公庫〉があり、同じ役割を果たしています〉。

日本政策金融公庫は単独でも融資してくれますが、その地元の地銀〈地方銀行〉との協調融資も行っています。地銀にとって、地域活性化に貢献するのは大切な役目なので歓迎すべきことです。しかも日本政策金融公庫と共同でなら負担も軽くて済むので、貸してくれる可能性が高くなります。さらにわたしたちの場合は観光農園があるので農業支援としてJAからも融資をいただいています。

②ふるさと融資

もう一つは地域総合整備財団、通称、ふるさと財団という一般社団法人の〈ふるさと融資〉です。これは、地域振興に資する民間投資を支援するために、ふるさと財団が都道府県、または市町村に、長期の無利子資金を融資する制度です。

ふるさと財団が直接、民間企業に融資をするわけではありませんが、地方自治体を経由してその事業について一定の評価や審査をしてくれます。そして、かなりの低融資で資金調達が可能になったり、地方自治体が事業に融資してくれることで信用を得られるなど、大きなメリットがあります。

こうした制度が整えられていますが、要望を通し、融資を確実なものにするためには、ちょっとしたコツというか、インサイドワークがあります。

ふるさと融資の申請は自治体（都道府県や市町村）が行うのですが、わたしたちは一度、財団まで直接相談に行きました。と言うのは、窓口である県の担当者の能力や熱意次第で財団側への伝わり方が変わることもあり得るからです。

つまり、その担当者があまり乗り気ではなく、仕事だから事務的に処理しようとすると、事業主体の本当の魅力が１００％は伝わらない可能性があります。相手側の担当者に良い印象を与えられないと、融資を見送られることがあるのです。

わたしたちはそれを危惧して、「事前相談です」という形で直接財団に出向き「この事業の魅力はかくかくしかじかで、貴財団の趣旨に沿った計画をやろうとしているのです」といったことを話してきました。要するに根回しですね。

すると県から財団へ相談が行ったときに「ああ、あれか」ということでスムーズにつながり、「じゃあ融資のほうを取り扱いましょう」と流れていくというわけです。


地域経済牽引事業や、ふるさと財団のふるさと融資、経営力向上計画や経営革新計画、その他補助金など地域の中小企業を支援する国や県の施策メニューは豊富に用意されています。しかし、これらはあまり知られていないのではないかと思います。ホームページやパンフレットもあるので基本的な情報はすぐに手に入りますし、地域の商工会議所や商工会、専門のコンサルティング会社に相談するのも良いでしょう。ぜひしっかり調べて活用するといいでしょう。

ただし、こうした融資＝国や県の協力を得るためには、この項目の前半で書いたように、あなたの事業が、地域経済の活性化に貢献できる（少なくともそう期待できる）公共性の高いものでなくてはなりません。そして、そのことを自治体に納得させせなくてはなりません。また、みんながわくわくできるもの、進んでアピールしたくなる魅力的なもので、これはぜひ力を貸したいと思ってもらわなくてはなりません。

それには手間暇をかけて事業プランを十分に練り上げる必要があります。

旅館・ホテルの経営者であれば、単独でなく同業者や同じ観光関連の事業者とチームを組むことも必要になるでしょう。そうしたことも含めて、どうしたら資金調達をうまくできるかを考えていきましょう。

よそ者でも温かく受け入れてもらうためには

わたしたちは岩手で売りに出されたホテルを買い取り、経営に乗り出しました。もともとその土地とご縁があったわけでなく、新たにご縁を結ばせてもらったわけです。だから、そこに東京や大阪など、大都市圏のカルチャーやトレンド、新しいライフスタイルの考え方を持ち込む場合でも、その土地の長い歴史の中ではぐくまれてきた文化・人々の生活習慣は尊重し、大切にしなくてはなりません。

その土地に対するリスペクトは、よそ者が入ってビジネスをさせていただく際の絶対条件です。これがないと、どんなに素晴らしいアイデア、プランを持っていても実現することは不可能です。

それを肝に銘じたうえ、では具体的にどんなことに気を付ければいいかと言うと、まず服装です。きちんとしたきれいな服装で行きましょう——と言うのではありません。むしろ逆です。

びしっとスーツを着てネクタイを締め、高級車に乗ってウロウロするというのはご法度です。バブル時代にいわゆる〝地上げ屋〟が各地を跳梁《ちょうりょう》跋扈《ばっこ》しましたが、それと間違えられる恐れがあります。

周囲から浮き上がり、不審な人物に思われないよう、普段着のポロシャツやカジュアルなシャツ、上着はジャンパーなどがいいでしょう。もちろん、あまりだらしないスタイル、不清潔なイメージを与える格好はよくありません。

車で行く場合も妙にピカピカしたものには乗らないほうが無難です。外車は論外です。極端なことを言えば、軽トラックなんかがおすすめです。

人間は第一印象で相手の好き・嫌いをほとんど決めてしまいます。若者はまだ柔軟に自分の抱いた印象を変える場合もありますが、年配者は「この人はこういう人」という印象を持ってしまったら、ちょっとやそっとのことでその思い込みを変えようとはしません。

そんなわけで一度、焼き付いてしまった印象を後から修復するのは、ほぼ不可能に近いことです。

自分は自治体の職員や銀行の担当者に会いに来たので少しフォーマルなスタイルにしただけだと思っていても、地方では外部の者がやってくれば、必ずどこかの誰かが見ています。そして「地上げ屋みたいなのが来ていた」といった噂はすぐに広まってしまいます。

そうなると、ビジネスは最初からやりにくくなるでしょう。ですからできるだけその土地の人たちとのギャップを小さく、良い印象を与え、自然に受け入れてもらえるよう配慮しなくてはなりません。

どんなにがんばったところで、しょせんよそ者には変わりありませんから、〝好ましいよそ者〟になれるよう努めることです。よそから来てガンガン儲けて自分たちだけ潤えばいいと思ってるわけじゃないよ、この土地を豊かにするために動きたいんだ――といったことを、できるだけ早い時期に伝えておかないと、よけいな詮索をされたり、疑心暗鬼で対応されたり、また、誤解も受けやすくなります。

そうしたことを避けるためは､やはり一緒にお酒を酌み交わすことが大切でしょう。「飲みニケーション」は都市部ではともかく、地方のコミュニティではまだかなり重要な要素です。アルコールが不得手な人でも、飲めない人であることを早めに理解していただき、飲めなくてもいいからそういう席には極力顔を出すよう心がけましょう。いくら忙しくてもそこをサボってはいけません。

人の心を動かすのはあくまで感情の領域です。あらゆる理屈はその感情の後付けでしかありません。感情を交わし合って距離を締め、コミュニティの仲間に入れてもらえるようになればしめたものです。

そのために最も効果的なのは、毎年開かれる地元のお祭りやイベントに参加することです。これ以上、お互いの理解を深めるものはありません。

わたしたちは岩手で事業を始めて半年目くらいのとき、雪の中の永岡蘇民祭（裸祭）に参加しました。半端なく寒くて、正直、なんでこんなお祭りをするんだろうと思いましたが、その後で町長さんに「おぅ、あれに出たのか。すげえな、おれらの仲間だな」みたいな感じでグンと親密になり、仕事もしやすくなりました。

単純な話ですが、地元の祭りに参加したということは相手の文化を積極的に受け入れよう・理解しようという態度の表明なのです。そしてそれが「おれたちの仲間だ」という意識につながるのです。仲間意識を持ってもらえば、当初の警戒心も薄くなり、誤解を生むことなく話し合いができるようになります。同じ話をしていても、その相手を好ましく思っているか、そうでないかによって伝わり方はまったく違ってきます。つまり相手の話を聞く耳ができているかどうかがとても重要なのです。

その他、細かいことを言えばきりがありませんが、相手の文化・ライフスタイルを尊重する気持ちをできる限り伝えていけるよう努力しましょう。

POINT

マネジメントは一つ一つ検証し、すぐに成果を求めずに「急がば回れ」の精神で取り組むと思ったよりうまくいく。

3　広報のテクニック

「良い品物・良いサービスを提供していれば、世の中の人は必ず気づいてくれるはず」。昔の人に教えられたからでしょうか、自己主張、自己宣伝が苦手な日本人はいまだにそう考えている人が多いようです。

現代のような情報化社会において、それは「いつの時代の話ですか？」と言わざるを得ません。どんなに良い品物・良いサービスを提供していても、知られなければ自然とお客様が集まってくることなどないのです。

かといって、いかにも宣伝していますというやり方では、人は振り向いてくれません。あなた自身も「買ってくれ」とストレートに訴える広告はスルーしているでしょう。

現代の広報にはアピールの仕方にいろいろなコツがあります。そのコツをつかみ、しっかり考えて戦略的な情報発信を心がけましょう。

広報ＰＲはまず自分から

観光業に限らず、現代は自らの情報発信が求められる時代です。特に若い世代をお客様の対象にするのであれば、オンラインでの発信は必須です。30代以下の人たちにとって、インターネット上に存在しない施設や会社は、この世に存在していないのと同じ。そう言っても過言ではありません。良し悪しはともかく、それくらいインターネットに依存して生活している人が増えたのです。

であれば、基本としてホームページは絶対必要です。問い合わせ一つにしても、よほど急いでいる場合でない限り、最初からわざわざ電話をかけてくる人は少数派になりつつあります（ただ、シニア層対象なら電話もまだ有効かもしれません）。

事業の拠点としてぜひともホームページは設けてください。ホームページはオンライン上の事務所です。個人であればＳＮＳや既存のブログだけでもいいですが、あくまで会社・事業体として営業するのであれば、事務所＝ホームページが存在しないと社会的信用度は相当低くなってしまいます。

最近はテンプレートを使って自分で簡単に作成・運用できるホームページもあります。費用も無料、もしくは年間数万円程度です。予約や問い合わせに応じられる機能やブログもワンセットになっているので、安心して利用してみてはいかがでしょうか。

ホームページにはあなたの宿、会社・施設の理念・考え方・ビジョン、事業概要、および施設の概要（住所・規模・沿革・従業員数など）、その地域の観光のポイントなどを写真やイラスト、テキストを使って掲載し、3分から5分程度、ざっと目を通せば、だいたいのイメージがつかめるものにします。

これらのベーシックな情報は、いわば一本の木の太い幹の部分です。

その幹から枝葉や花や実など、お客様の目に留まり、興味を引く部分、良さそうな宿だな、楽しそうなところだな、行ってみたいな、泊ってみたいなと思わせる情報を届けます。それがSNSやブログを使った情報発信です。

また、最近は動画も自分で簡単に、お金をかけずに撮影・編集ができるので、できる人はぜひ挑戦してみてください。これらは戦略を練り、さまざまな企画を立て、表現を工夫してみましょう。

そして、できるだけまめに更新していきましょう。観光業なら「季節のお便り」的な発信は基本中の基本です。日本人は総じて季節の移ろいに非常に敏感な民族で、ましてや観光旅行に行きたいと考えている人は、それ自体が目的でなくても、やはりそれぞれの季節ならではの景色や風物にふれることを楽しみにしています。そうした人たちがお客様なのに、月が変わっても古い情報のままでは、「ここはまともに営業しているのだろうか？」

と疑われても仕方ありません。

もしあなたの宿のファンになってくれる人がいたら、定期的に新しい情報が見たいはずです。「うちの近くでこんな花が咲きました」「こんな虫や鳥を見かけました」くらいのことで構わないので、最低でも週に一度くらいは更新するよう習慣づけましょう。

100日投稿する旅館

写真：ホテル河鹿荘

情報発信の一例として、「100日投稿する旅館」をご紹介しましょう。
緊急事態宣言が全国に拡大した2020年4月中旬、箱根にあるホテル河鹿荘ではSNS上で100日間連続投稿を宣言し、7月下旬まで毎日休むことなく続けました。
ホテル河鹿荘は箱根でも屈指の老舗高級旅館であり、ここではまだまだ団体客の需要が大きく、それを収益のベースにしていましたが、コロナ禍によってそれが見込めなくなりました。そこでこれまで以上に個人に対する集客力を強める必要に迫られたのです。

このタイミングを生かして取り組んだのが、ウェブを強化するデジタル戦略です。

SNS100日投稿企画はそのデジタル戦略の一環であり、ホームページの刷新、〈楽天〉〈じゃらん〉などのOTA（オンライン・トラベル・エージェント）とともに、3つのメディアの合わせ技として行ったものです。

オウンメディア（自社のホームページ）×ウェブ広告×ファンサイト（SNS）

この3つのメディアの相乗効果をねらった戦略が功を奏し、100日間でどんどんSNSのフォロワーが増え、終了して以降は、夏、秋、冬と、季節が進むにつれて個人客が大勢訪れるようになりました。

中でも大きいのは若いお客様の増加です。

老舗高級旅館として認知されていたため、もともとは年齢層が高いお客様が多かったのですが、Go Toトラベルの恩恵もあり、「ウェブで知って来ました」という新規のお客様が急増しました。

それに加えて「以前も泊まったことがある」「懐かしくなった」「あのときの箱根の思い出をもう一度」といったリピートのお客様も目立つと言います。

情報発信のベースづくり（自分の宿の特徴の分析）

ウェブ戦略を行う際、この旅館では社内でチームを組んで徹底的に自分の宿の特徴・長所を分析しました。そして、その長所の何をどう打ち出すのか、時間をかけて議論したと言います。また、これまでにパンフレットなどで使った宣伝用写真を集め、どの写真を使用するかも吟味しました。

特に100日投稿については毎日、どういった特徴を、どの写真を使ってコメントしていくか、あらかじめざっとしたシナリオを作ったそうです。そして2人で1週間ごとに担当を決めて投稿を行いました。

始めてしばらくすると反響が起こり、スタッフの知人から様々な協力の申し出がありました。

「趣味で写真をやっているから撮ろうか？」

「ドローンを持っているので使ってみる？」

100日投稿によって自然と応援団ができ、ホテル河鹿荘ではそれらの申し出を柔軟に取り入れていきました。

中でも先端技術であるドローンを使って撮影した動画は「あの老舗旅館がこんなことに

もチャレンジするのか」と驚かれ、大きな反響を呼んだようです。
ここからSNS投稿のコツを導き出すと、

ベースとなるプラン×投稿過程で起こる反響を取り入れる柔軟さ

これがSNS投稿のコツであり、ホテル河鹿荘でも当初のプランに固執せず、毎日実践しながら学習していった部分も大きいと言います。けれども、やはり準備段階での分析とそれに基づく投稿用のシナリオがなければ、それなりのクオリティを保って継続することは難しいでしょう。要は双方のバランスです。

成果とコストの考え方

期間中も「100日投稿」に対する反響は次第に上がり、最終日にはペア5組に宿泊券プレゼントするという100日達成記念キャンペーンを行ったところ、応募とともに大量のコメントが寄せられました。いずれも非常に好意的なもので、プレゼントに当たらなくてもぜひ行きたいといった声も多く、スタッフは成果を実感できたと言います。

その実感はほどなくして現実のものに変わりました。東京でもGo Toキャンペーンが実施されるようになった10月、この旅館はテレビのニュースで報じられるほど客足が伸びたのです。特にコロナのリスクが低い若いカップルや家族連れにアピールできたことは大きな収穫だったと言います。

ホテル河鹿荘のウェブ戦略はチーム力の賜物です。準備段階のシナリオ作り、他のメディア（ホームページ、ウェブ広告）との連動、SNSへの継続的投稿――これらをやり続けるのは「1人では無理だったと思う」と、話をお聞きした担当者も正直に話してくれました。SNSは1人が記事を書き、もう1人がそれをチェック、場合によっては書き直して投稿するという作業を連日繰り返していたそうです。

経済的負担はゼロでできますが、クオリティを保つのには時間と人的労力のコストは十分にかける必要があります。

誤解されている方も多いようですが、ブログやSNSの記事を制作し、投稿する仕事は、けっして片手間でチョイチョイとやってできるものではありません。会社によっては専門の部署や専任スタッフを置いているところもあるくらいです。

中小旅館・ホテルではそうしたことは難しいと思いますが、それなりの時間と労力をかけないと成果は得られない、ということは知っておいた方がいいでしょう。

動画を活用しよう

ホテル河鹿荘の例でも出ましたが、動画は写真とか文章では伝えづらいものを率直に伝えることができます。単刀直入にポイントをアピールでき、本当に良いものやレアなものであれば、視聴者の心に大きなインパクトを与え、興味を持ってもらうことができます。また、動画は検索サイトの中で写真や文章だけの記事よりも上位に表示されるというメリットもあります。小さな町からの発信なら、なおさら上位に上りやすく有利です。また、プロ級カメラマンを雇ったり、ドローンで撮影したり、モデルを入れたりしなくては駄目というわけではありません。流暢にトークができなくても心配いりません。きれいに、カッコよく撮る必要はないのです。

出演者もうまく喋れなくても心配いりません。流暢なトークはいらないのです。むしろ普通のおじさん・おばさんなどが出てきて、たどたどしく話していたりするほうが人柄が前に出ます。真面目そう・誠実そうに感じられることのほうが重要なのです。

さらに言えば、社員を前面に出し、キャラクターとして売り出すことも考えられます。わたしたちの観光農園の場合なら、そのキャラクターが定期的に、現在のイチゴの状況とか、イチゴ狩りのワンポイントアトバイスみたいなことを発信できるといいなと思っています。そうすれば視聴者としても面白く、集客効果も上がるでしょう。

動画を使った発信は、まだ地方の観光業者でやっているところは少ないので、その先駆けになれば、先行者利益を得ることもできるでしょう。

最大の宣伝効果を発揮するテレビ取材

広報で最も大きな効力を発揮するのは何といってもテレビです。マスメディアとして他に新聞・雑誌・ラジオ、さらにさまざまなウェブニュースサイトなどもありますが、公共の電波を使って動画を見せられるテレビほどインパクトのあるメディアはありません。本気で広報に力を入れるなら、ぜひともとテレビ取材を呼び込む工夫をしてみましょう。ねらい目は地域のローカル局です。

テレビ局をはじめとするローカルメディアは慢性的なネタ不足に悩んでいるので、常に身近にある面白いネタを探しています。後ろの章で詳しくお話ししますが、わたしたちは岩手でメディアを喜ばせるネタを提供することによって、テレビ・新聞などに大きく取り上げられ成功を収めることができました。

手前味噌ですが〈ベリーの森　いわて〉は、テレビや新聞の大々的な取材・放送のおかげで、初年度から岩手県全体から連日お客様が来園され、大盛況でしたし、当時わたし（佐々木）は「岩手でいちばんテレビに出ている社長」と言われていました。

マスメディア、特にテレビは大きな宣伝力を持っており、もし紹介されれば、広告費ゼロでコマーシャルの何倍もの集客効果が期待できます。しかし、わたしたちの知る限り、地方の旅館やホテルでそのための努力をしているところはあまりないようです。最初から無理だと諦めず、トライする価値は十二分にあるのです。ただし、呼び込むためのコツはあります。これをしっかり押さえることが大切です。

公共性とニュース性を必ず盛り込む

テレビ局は公共の電波という建前を守らなくてはならないので、特定の企業の単なる宣伝みたいなものは扱わない、というのが原則です。だから単に「新しいサービスを始めました」と言っても営業色が感じられると来てもらえません。

ではどうすればいいかというと、発信する情報に〝公共性〟と〝ニュース性〟を入れ込むのです。これ、とても重要です。要するに訴えたい情報から営業的・宣伝的なにおいを消し、〝ニュースを仕込む〟のです。

たとえばわたしたちは〈みどりの郷〉にある観光農園で、農産物の六次化商品を新たに開発し売り出しました。しかしこれだけを伝えても〝公共性〟と〝ニュース性〟にはなりません。これをテレビが求める情報にするには、最近であればコロナ禍を逆に利用するのです。

まず1点目のポイントとして「コロナ禍で大きなダメージを受けて一時期、売上が大きく減少した旅館（ホテル）が――」という文脈を作ります。

その次のポイントは「珍しい自家栽培の野菜を使って」です。

そして3つ目のポイントとして、専門家ではなく、〝（素人の）若い女性社員が率先して開発しました〟です。

その3点があれば、公共性・ニュース性を前面に出せます。

すると取材がやって来て「コロナのダメージはどうですか？　だいたいどこまで売り上げ下がりましたか？」と聞きます。やっぱり気にしているんだなと思って「最大7割減で、前年の3割減まで落ち込みました」と答えます。

そして開発に携わった若い女性社員が出て話してもらい、最終的には「コロナで大きなダメージを受けた宿泊施設が、自家栽培の野菜で女性社員が奮闘して六次化の商品を開発しています」という紹介になったのです。

他にも「この観光農園では幼稚園の子どもたちが収穫体験をしています」といった情報なども公共性・ニュース性の一例です。そうした社会に関わっている部分を盛り込んでいくと、テレビ局、および、他のマスメディアは安心して取材に来られるのです。

いずれにしても、黙っていてはメディアも気づいてくれません。何らかの形でこちらから情報を提供し、アピールし、見つけてもらう必要があります。

そうした観点からもオンライン上の情報発信は欠かせません。ホームページやSNSの他にもウェブ広告、また、マスメディアがよくチェックするプレスリリース（有料だが安価）もあるので、どんどんそういったものを活用していきましょう。

POINT

広報は商品・サービスの開発と同じくらい重要。伝え方一つで集客力が大きく変わるので、しっかり方法を学び、力を入れて取り組もう。

4 イノベーションを起こそう

「社会の高齢化」から考えるイノベーション

「イノベーション」という言葉はカッコいいので、いろいろな企業、いろいろな事業家などがお経のように唱えていますが、そもそもそんなに簡単に、また積極的にイノベーションなんて起こせるものではありません。

人間は基本的に、身につけた習慣を変えたくありません。変えることは面倒でストレスのかかることだからです。しかし社会の変化に合わせて結局全員が変わらざるを得ないのなら、先取りして変わってしまおうということでイノベーションという言葉がキーワードになっているのです。

デジタル化やグローバル化など、社会の変化はさまざまな切り口で論じられますが、わたしたちが考える最も顕著な要素は、やはり〝高齢化〟です。

前回の東京オリンピックが開かれた１９６４（昭和39）年の日本人の平均寿命は男性約

図表：日本人の平均寿命

	男性	女性
1964 年	67.67	72.87
1970 年	69.31	74.66
1980 年	73.35	78.86
1990 年	75.92	81.90
2000 年	77.72	84.60
2019 年	81.41	87.45

出典：厚生労働省「簡易生命表」「完全生命表」

68歳、女性約73歳。現在も続いている定年制度について考えた場合、退職後は数年間、年金をいただいて余生を送るという平均的なライフスタイルは、それが幸福かどうかという議論はさておき、当時はまったく理にかなった仕組みでした。

このパターンに照らし合わせると、１９６４年に社会に出て働き始めた人は、２０２０年の時点ではもう大半が人生を終えているわけです。

ところが現実は大違いです。半世紀あまり前には誰も予想できませんでしたが、平均寿命はそれぞれ13年、14年も伸び（２０１９年は、男性約81歳、女性約87歳）、日本の社会は大きく変容しました。最近は「人生１００年」の概念が広がり、定年後のシニア世代をどう活かし、どうケアすればいいかが模索されるようになりました。

高齢者の健康に対する取り組みも観光業の役割

そうすると社会全体の大きなテーマになってくるのが〝高齢者の健康〟です。身近におじいちゃん・おばあちゃんがいなくても、テレビのコマーシャルや新聞の紙面広告を見れば一目瞭然。健康法、健康食品、健康器具などの需要がいかに高いかがわかるでしょう。ちなみに最近はテレビも新聞も、視聴者や読者の大半はシニア層になっているので、大半の番組や記事は彼らの視点に合わせて作られています。

観光業もこうした需要に合わせた取り組みを行ってもいいのではないでしょうか？　単純に癒しとか保養だけでなく、もっと積極的に心身の健康づくりに役立つサービスが観光施設の中に組み込まれていてもいいのではないか――わたしたちはそう考え、岩手の〈みどりの郷〉には介護機能まで備えた健康パーク（仮称）という三世代の方が楽しみながら健康になれるというコンセプトの施設を準備中です。

具体的な内容については次章に譲りますが、こうした健康・介護関連のサービスを提供すれば、遠方からの旅行者だけでなく、地域住民も利用者として取り込めます。このサービスは岩手だけでなく、現在プランニングしている栃木・日光市の施設でも展開する予定です。

いわゆる地域の健康センターみたいなイメージに近いのですが、従来の観光宿泊業にプラス、生活に入り込んだ地域密着型のサービスを癒合させることによって、異なる地域の、異なる文化を持った高齢者同士が出会ったり、異なる世代間のコミュニケーションを促す、新しい交流の場に発展するかもしれません。

健康や介護に関するサービスは、正直なところ観光業ではありません。ですが、トヨタやパナソニック、町の電気屋さんと同じように、お客様の求めているサービス、困っていることに対応するのがサービス業の役割です。そのため、本来、取り組むべきサービスだとわたしたちは思っています。

この先、少なくとも30年は続く少子高齢化社会を考えた場合、全国にある観光用宿泊施設は減少の一途をたどるでしょう。すでに市場が縮小しているのは明らかなので、現存の数が維持されることは不可能です。言いにくいことですが淘汰は必然的に起こります。ですから「無理に変わる必要なんてないよ」「変える必要はないよ」と考えているところは、この際、閉めてもいいのではないでしょうか。閉めるというのも一つの大事な選択肢だと思います。

けれどもどうしても続けていきたい、続ける必要があるというなら、他の業態を取り込んだり、いっそ兼業することも考えた方がいいと思います。

イノベーションとは、毅然と理想を掲げる一方で、現実と向き合いながら、ときには妥協したり、すり寄ったり、方向転換もしなくてはならない、かなりカッコ悪い代物なのですから。

案ずるより産むが易し

「やってやれないことはない。やらずにできるわけがない」

昔のテレビ番組でメインキャラクターがそんなキメゼリフを発していましたが、その通りだと思います。

モラルも教養もあり、社会性が高く、総じて優秀な人が多い日本人は、ちゃんと見本や前例があり、段取りも整っていることに関しては、質の高い仕事をスピーディーにやりこなし、大きな成果を上げて見せます。

ところが難しいなと思うこと、面倒なこと、時間がかかることは割とあっさり諦めてしまう傾向があります。これはちょっとたいへんだなと思ったら6割から7割の人はそこで止めてしまうのです。

けれども壁にぶち当たっても、そこで諦めず粘り強く取り組み続け、いろいろ分析していくと必ず道は開けます。ほとんどのことは分析してきちんと対処していけば、思ったよりも実現可能なことが多いのです。

積極的な意思を持ち、調べられることは徹底的に調べて――という基本的なことが大切です。物事やつらい状況から逃げずに必死になって考え続けると、思わぬところからいろいろアイデアも沸いてきます。

そして予想外の幸運も巡ってきます。わたしたちは周囲から「運が良くて羨ましい」とよく言われますが、努力を惜しんでいてはグッドラックをつかむこともできません。一生懸命がむしゃらにがんばることによって五感が開き、運を呼び込むことができるのだと思います。

人間の暮らしや生き方を追求すると農業や観光業に行き着いた

わたしたちの「くらしデザインラボ」は、日本人の生き方と言うか、新しい時代の生き方を提案したいという思いがあって、もともと建築関係、住まいづくりの事業をやろうと考えて立ち上げた会社です。

観光業を行うために始めたわけではないのですが、仕事をしているうちに方向が変わってきて農業や観光業に取り組み始め、自然とそれがビジネスの主軸に発展してきました。けれどもわたしたちの中では当初やろうとしていたことと大きく外れたことをやっているわけではないという意識があります。いわば自然の流れと言うか、暮らしとか生き方とかいったコンセプトを実業に移し替えていったら、農業や観光業に結び付いたという印象です。これはなかなか面白い発見でした。

なぜ農業と観光業なのかはこれからまだまだ追究する余地がありますが、そこにはいろいろな可能性が含まれていると思います。

その過程や、現時点での成果、そして将来的なプランについては次章で詳しくお話ししていきましょう。

POINT

自己啓発系の体裁の良いフレーズやあおり文句に踊らされず、地に足をしっかりつけて粘り強く変革に取り組もう。

コラム② お得ツアーで儲ける秘訣

最近、とある旅行会社がひとり1泊2食付き8千円というお得なバスツアーを行っています。お客様にとってはお得ですが、旅館・ホテルにとって、これはかなり厳しい数字ではないかと思います。

しかし考えてみてください。

さほど高級・贅沢な設備のない、小規模な旅館・民宿・ホテルがお相手するのは、こうした1泊8千円、がんばってせいぜい1万円のお客様です。

安くてもきれいなお部屋、旅気分の味わえる温泉（おふろ）、豪勢でなくても地元の食材を使ったおいしい食事を提供すれば、お客様はきっと満足されるでしょう。

大事なのはその後です。

得した感まんまん、心も軽やかハッピーなお客様は、

「せっかく安く楽しめたんだから、ご近所におみやげ配っちゃおう。どれどれ、あら、なんか気の利いた素敵なものがあるじゃない」

という具合に、お土産代に宿泊代と変わらないくらいのお金を使ってくれるのです。

結局、出費としては8千円の倍だったとしても、そのお客様の中にはあなたの宿に対する深い満足感・とても良い印象が残ります。帰っておみやげを配るとき、「ここってとってもに素敵な宿だったのよ」と、あちこち宣伝して回ってくれることだってあるかもしれません。

ここで言う気の利いたおみやげの代わりに、何らかのアトラクションとか、ちょっとしたイベント、面白いサービスといったものでもいいでしょう。何かをお客様の心に遺す。何かを刻み込む。つまり、宿泊とお風呂と食事ともう一つ、喜んでくれるものがあれば、当のお客様のみならず、その周囲にいるより多くの潜在的なお客様から得られる利益まで期待できるのです。

第3章

実践！ 価値創造

1　観光農園〈ベリーの森 おだわら〉の開発事業

夢と優しさがあるテーマパークのような観光農園。

それが〈ベリーの森 おだわら〉が目指した世界です。単なる収穫と食の楽しみだけでなく、自然とのふれあいとスタッフの笑顔とちょっとしたサービスがあることで、何度も来たくなる観光農園として高く評価されています。

マーケティング環境が整った小田原というロケーション

イチゴ狩りができる観光農園は、わたしたちが始めるまで小田原市内では1軒だけでした。現在は「ベリーの森」を含めて3軒あります。小田原自体も観光地ですが、箱根周辺にも近く、東京・横浜から気軽に行けるロケーションが魅力です。お天気が良い日は富士山も望めます。

ですからイチゴ狩りを体験したい人にとって、このあたりでベリーの森のような観光農園は、まさしく求められている施設でした。料金は周囲よりあえてやや高めに設定しましたが、集客にはまったく困りませんでした。

２０１８年2月のオープン以来、1月から5月までイチゴ狩り、7月から8月までブルーベリー摘みと、年間7か月の営業日のほとんどが予約でいっぱいになる状況が続いています。じゃらんのサイトに登録していますが、お客様からは「一向に予約がとれない」と、しばしばクレームが入るほどです。

観光業にマッチするイチゴという果物

イチゴは果物の中でもトップクラスの人気です。農水省をはじめ、さまざまな団体が「好きな果物ランキング」を行っていますが、どこでも上位5位までに入っています。

また、みかんやりんごなどと比べ、小さくて軽くてかさばらない、皮をむいたり切ったりする手間がいらない、子どもでもつまんでそのまま食べられる、といった手軽なところなどが好まれる理由でしょう。さらにビジュアル的にも色鮮やかで目につきやすく、おしゃれでキュートなので絵になりやすい。とても〝インスタ映え〟する食べ物です。

運営サイドから見ると、1月から5月まで5か月もの間、収穫できるのが大きなメリットです。これほど収穫可能期間の長い果物は他にほとんどありません。

ただし、農業としてやっていくとすると、収穫作業・出荷作業に大きな労力と費用が掛かります。そのため、わたしたちはここを「イチゴ狩りができる観光農園」として売り出すことにしました。それによって収穫・出荷作業などの負担を減らし、利益を増やすという一挙両得を狙ったのです。

このようにして〈イチゴ（さらに夏場はブルーベリー）×観光業〉というコンセプトを決め、ベリーの森をスタートさせたのです。

一から栽培を勉強・研究して開業

しかし、わたしたちは農業も観光業もまったくの未経験者でした。そこであちこち、イチゴ狩りやブルーベリー摘みをやっている観光農園を視察して回り、栽培方法や運営方法を徹底的に研究したのです。1日3軒を回ることはざらでした。おそらくわたしたちほど他の観光農園を見ている者はいないと思います。

栽培農家から話を聞く他に、地元の農業普及指導員や、野菜・果物のナーサリー事業を行っている会社から栽培に関する資料をいただくなど、相当量の情報を集めるうちに、だんだんこれは絶対自分たちでもできるという確信が生まれました。

初期投資はハウスの建設費として約4千万円を投じました。ハウスは温度や湿度調節の自動制御機能が付いており、雨が降ったら窓が閉まり、暑くなると開くなど、基本的な管理はオートマティックに行えます。

けれどもやはり相手は生き物なので、工場で工業製品を生産するようなわけにはいきません。成長の度合いや健康状態などは一律でなく、毎年変化します。それを察知し、イチゴやブルーベリーという植物の生育状態に素早く気づけるようにするには、毎日面倒を見る人間が感覚を研ぎ澄ませる必要があります。

理屈ではないので説明しにくいのですが、あなたも外から帰ってきて家の中に何か異常があるとき、いっしょに暮らしている家族の誰かが具合が悪いとか、感情を害しているといったときは、言われなくてもなんとなく雰囲気でわかるでしょう。

それと同じです、イチゴやブルーベリーも生きているので、そうした信号をちゃんと発信しています。注意深く察知するように心がけていれば、誰でもわかるようになります。わたしたちはそのあたりのコツをつかみ、情報共有して取り組んでいるので、これまで大きな失敗はありません。

イチゴは4月、5月になって気温が上がってくると、だんだん甘みが薄くなってくるのが一般的です。しかし、わたしたちのイチゴはずっと甘みをキープしています。それは水が良いのに加え、良質な肥料を与えているからです。その分値段は高く、他のイチゴ狩り観光農園で通常使用している肥料よりも、年間にすると百万円ほどコストは高くついています。しかし、がんばってコストを節約するよりも、おいしさを追求した方がお客様に気に入っていただけます。

「あそこのイチゴは甘くておいしい」

お客様にそういう印象を植え付けられれば勝ちです。

他より高い料金といっても、せいぜいひとり数百円の違いです。近所のスーパーで買い物するのならともかく、せっかく出かけるのであれば、よりおいしいものがあるところ、より楽しいところがいいと考えるのは、ごく自然です。

そうやってお客様の心をつかめば、他より高くても何度でも来ていただけます。それだけではありません。少しでも感動を与えることができれば、口コミで知人・友人に広めてくれます。

「せっかくイチゴ狩りに行くなら絶対あそこがいいよ」

人は自分がいいと思ったところは他人に教えたくなるものです。良いもの、おいしいものを提供することで、お客様自身が宣伝媒体になってくれたため、〈ベリーの森 おだわら〉はオープンしてすぐに人気農園になりました。

つまり結果的には肥料代よりはるかに高い利益につながったのです。

なぜ観光農園を始めたか?

小田原で観光農園を始めると言い出したのは、実はわたしたちではなくて湘南地域にあった別の会社でした。そこは不動産関係のグループ会社で、この界隈で賃貸住宅をたくさん建設していたのですが、その地主である複数の農家さんから農地を借り受け、観光農園を運営する計画を立てていました。

同じころ、〈くらしデザイン〉と名付けて起ち上げたわたしたちの会社では、当初はデザイナーズ住宅の販売をしようと目論んでいました。ところがそこへ新会社開設の挨拶に行ったところ、「軌道に乗るまで手伝ってくれないか」と頼まれたため、やむを得ず、短期間限定の約束でその仕事をお手伝いすることにしたのです。

それで農園経営のことを調査したり、地主さんたちにいくらで土地を借りられるかといった交渉をしていたのですが、件の不動産会社が途中でいきなり中止したいと言い出したのです。

しかし、交渉していた相手などに今さらやめるというわけにもいきません。その一方でいろいろ調査・勉強を進めていたので、イチゴやブルーベリーは自分たちで栽培できるという確信がありました。

そこで「それなら、わたしたちがやります」と宣言。急遽くらしデザインの事業として始めることにしました。

事業としてスタートしたのは4月です。そして7月にハウスを建てはじめ、10月に完成。すぐに苗を植え、翌年の2月にはもう開園です。だから結果的には農業を学び始めて1年後には観光農園をオープンしていたことになります。

接客を重視した観光業としての運営方法

前述しましたが、わたしたちが廻った各地の観光農園の欠点は、どこも接客が苦手、お客様を扱うことに繊細さがないという点でした。それによって何か不愉快な思いをしたわけではないのですが、表情に乏しいというか、愛想がないというか、あまり楽しい雰囲気がありません。お客様はせっかくレジャーとして来ているのに明るい気分にならない――わたしたちですらそう感じたので、若い女性や子どもたちはなおさらでしょう。

その原因は、農家さんがこのサービスを収穫・出荷作業と同じライン上で、つまり普段の農業の一環、仕事の一部として考えているからです。

しかし、わたしたちがやろうとしているのは、あくまで観光業です。ですから接客に力を入れ、お客様にイチゴ狩りやブルーベリー摘みを心から楽しんでいただきたいという気持ちがあります。

ですから現場で接客に当たるスタッフも、経験のあるなしより若くて明るいこと、人当たりが良いこと、そしてこの仕事を楽しんでやってくれる人かといったことを重視して選びました。

そして訪れる若い家族連れなどにイチゴ狩り以外の部分でも喜んでもらうため、さまざまな企画を用意したのは先述した通りです。

観光農園ならみんなで果物が収穫できれば十分なのでしょうが、それだけではすぐに飽きられてしまいます。そこにプラスアルファの付加価値――わたあめやスムージーやポップコーン、ブランコやガーデンカフェなど、さまざまなおまけ、ふろくをつけます。イチゴやブルーベリーがおいしい上に、そうしたおまけがいろいろある。お客様は他にこんな観光農園はないと感動してくれます。だから一度来た人がリピーターになってくれたり、口コミやSNSなどを使って広げてくれるのです。

広報と物販を兼ねたプロダクトの試み

さらに広報のために、都心の日本橋で物産展を開いているスペースを借りて〈出張イチゴ狩り〉を企画しました。会場にミニハウスを建て、白イチゴを含む数種類のプランターを並べ、練乳なども用意してオフィス街の人たちにイチゴ狩りを体験してもらい、観光農園をＰＲしようとしたのです。残念ながら２０２０年はコロナ禍で実現できなかったのですが、こうしたイベントを仕掛ければ、メディアを呼び寄せ、宣伝につなげることができます。

また、ブランド商品として小田原と金ケ崎のヒストリーを感じさせる高級な〈城下町いちご〉をプロデュースしています。これは商品そのものの販売にプラス、ベリーの森のＰＲと小田原と金ケ崎という〝地域をブランド化する〟試みでもあります。

そしてＢ級品――観光農園ではお客様が取らない小さな実や形が悪いものが出てきます――を使ったジャムやお菓子などの六次化商品〈農産物を生産者自らが加工・販売する商品〉も作り、ネット通販で買えるようにしています。

わたしたちは農業×観光業という形でスタートしたので、このようにさまざまな手段を用いて多面的にビジネスが展開できるよう試みています。

「小田原を果物のまちに」構想

最初からすべて順風満帆に事が運んだように見えるかも知れませんが、実はここでは一つまだ達成できていない大きな欠点があります。それは地域に溶け込めていないということです。地元農家の中ではまだよそ者扱いなのです。

ただ、ＪＡはわたしたちに好意的で、ＪＡ内にあるイチゴ部会に入れてくれようとしました。ところが「よその方だから」ということでハードルが高くいまだ実現できていません。みんな昔ながらの農家で、路地イチゴを作って地道に出荷している人たちばかりです。その中にいきなり観光農園としてハウスを建て、派手にデビューしたわたしたちが来ると混乱が起きるのではと、警戒心が働くのでしょう。

その一方でＪＡの中からは、もっと地域ぐるみで観光農園に力を入れたほうがいいという意見も出ています。そこで、わたしたちはノウハウをすべて公開するので、小田原を果物の街として盛り上げていけないか、と提案しています。

実際、小田原は海の幸にも山の幸にも恵まれた土地で、みかんやレモン、湘南ゴールドというオリジナルの柑橘類、他にも梅や梨も名産です。果物のまち構想は十分に実現可能なのです。観光農園としてより充実度を図るとともにそうしたことも考えながら、今後は小田原全体を視野に入れて、地域の活性化につながる活動を展開していきたいと考えています。

POINT

テーマパークはみんなの合言葉。どんなに小さな宿でも施設でも観光業はオンリーワンのテーマパークを目指そう。

2　岩手・金ケ崎〈みどりの郷〉の再生事業

写真：みどりの郷の施設

従来の温泉付き宿泊施設に、小田原と同じくテーマパークのような観光農園〈ベリーの森〉を組みあわせた〈みちのく城址温泉・みどりの郷〉は、周辺地域から若いファミリー層を呼び込むことに成功しました。そして一躍人気観光スポットとなり、長年の経営不振から脱却し、再生を果たすことができました。さらにここは、今後の観光の在り方を示す絶好のサンプルになる可能性を持っています。

読者であるあなたにとっても興味深く、最も多くのヒントを含む事例ではないかと思うので。より詳しくご紹介・解説していきましょう。

3世代で楽しめる観光スポットに

買い取ったのは2018年6月です。敷地は広いのですが、建物は少々くたびれていているし、サービスも食事もけっして感心できるものではありませんでした。正直なところ並か、それ以下のレベルです。「みちのく城址温泉」と言いながらも、その城址にまつわるストーリーはすっかり忘れられており、誰も顧みようとしません。

いちおう地域の拠点で、町役場のイベントや冠婚葬祭などにも使われているのですが、観光施設としてはぱっとしない時代遅れの代物で、地元の人が「ここには何もないよ」と言うのもわかる気がします。地元の資本で立て直すのはおそらく無理だろうなとも思いました。

しかし、わたしたちは「地方創生」――地方から元気にしないと日本はよくならないよと言って会社を運営し、しかもここは企業理念として文章をお借りしている〈農業芸術概論〉を書いた宮沢賢治のお膝元です。わたしたち以外に誰ができるという自負を抱くと同時に、きっと成功できるに違いないという自信がありました。

それはやはり小田原での実績があったからです。ですからここにもイチゴ狩り・ブルーベリー摘みの観光農園を設備し、若いファミリー層に来てもらえば、立て直しのきっかけがつかめるだろうと考えたのです。

岩手は関東や東北の他の地域に比べると、イチゴ狩りができる観光農園はずいぶん少なく、広い県内で6か所くらい。この近辺にはまったくありません。ですからきれいでおしゃれな農園なら若い人たちが絶対来たがるはずです。

イチゴの種類も豊富です。特に白イチゴ（エンゼルエイト）は当時、全国的にもまだほとんど流通しておらず、とても新鮮だったので、テレビコマーシャルを流したら、たちまち人気が出ました。

写真：白イチゴと赤イチゴのパック

わたしたちが携わる前は、お客様は高齢者がほとんどを占めていましたが、目論見どおり、子どもをつれた家族が続々と、それも車で1、2時間かけ、県外からも訪れるようになりました。親子連れにはおじいちゃん・おばあちゃんが一緒についてくるパターンも多く、一挙に3世代で楽しめる観光スポットに生まれ変わりました。

ローカルメディアを味方につける

前章でもふれたようにマスメディアを呼び込めるよう、事前に戦略的に広報を行ったので、オープンしてすぐにテレビをはじめ、ラジオ、新聞、雑誌、ウェブなど、メディアの取材が入れ替わり立ち替わり入りました。テレビには2か月くらいの間に30回くらい紹介されたと思います。

ローカルメディアはいつも取材ネタに困っているので、新鮮で目を引くものには殺到します。他局とダブろうが何しようがお構いなしです。ニュースとして面白いだけでなく、イチゴはビジュアル的に美しいので、テレビとしてはありがたいネタになったようです。宣伝として、わたしたちもできる限り取材に協力し、より良い絵が撮れるよう、カメラアングルをアドバイスするなど、サービスに努めました。

それから温泉施設と観光農園の融合をアピールする意図もあって〈イチゴ風呂〉も企画しました。これはおそらく全国初の試みだと思いますが、要はゆず湯のような感覚で、イチゴをそのまま温泉に入れるのです。するとどうなるかというと、風呂全体がイチゴの甘酸っぱいフルーティーな香りでいっぱいになります。

イチゴ風呂につかりながら生のイチゴを食べるという贅沢なこともやり、これもテレビ番組の女性リポーターが実際に入ってリポートしてくれたので、若い女性客の間で大人気となりました。

ただ、さすがに「食べ物なのになんてもったいないことをするんだ」というクレームの電話が一度来たので、初年度は限定的に行うことにしました。それでも〈みどりの郷〉イコール、〈いちごの郷〉というイメージを印象付けるには十分な効果があったと思っています。

ちなみにこのときの〈いちご風呂〉をもとに、果物の香りがする温泉のもとを開発し、おみやげ用のオリジナル商品として販売しています。

イチゴがひと段落した後は、グランピングを企画しました。このときも地元の有名なタレントが来て、グランピングを楽しんでいる様子を撮影するなど、またもやローカルメディアの取材攻勢に会いました。おかげで〈みどりの郷〉は3世代で遊びに来るところというイメージがすっかり定着しました。

若いスタッフを採用

そうしたイメージの変化は求人にも表れました。

最初、わたしたちがスタートするときに出した求人には応募がなく、やっと来たのが70歳のお年寄りです。それが客層の変化とともに若い人が普通に応募に来るようになりました。施設に対するイメージが変わったせいです。東京ディズニーランドの〝キャスト〟のような感覚があるのかもしれません。

基本的にこうした不良債権みたいなホテルを買収するときは、少なくとも役員は入れ替えないと、すぐには立ち上がれないのですが、そういうことはできるだけしたくなかったので、あえて全員引き継ぎました。

ただ、困ったことがありました。

と言うのも多くのスタッフは、親方日の丸的な、半分公共の宿みたいな施設でところでぬくぬく育ってきた人たちです。売上目標などもなく、お客様アンケートで批判や不満が書かれていても、特に改善しようと声を上げるわけでもなく……といった状態でした。

現場のスタッフの意識が変わらなくては立て直しようがありません。このままでは困るので体質を改善しようと、わたしたちは通常の民間企業のやり方をマネジメントに導入しました。

するとそれに厳しさを感じたのか、ついてこられず辞める人が続出しました。現在は中高年層が減り、20～30代の若い、未経験から始めたスタッフが増えつつあります。

現場ではホテル側の従業員と、日帰り温泉側の従業員、プラス、農園など設備管理担当を合わせると、総勢65名ほどのスタッフが働いています。

食の改善

観光農園に併設する形で、おしゃれなカフェレストランも作りました。メインメニューは農園で採れる新鮮な果物を使ったデザートです。こうした店もこの近辺では他にないので、たいへん人気になっています。また、ここでは前述の六次化商品も販売しています。

食に関しては、ホテルで出す料理をテコ入れしました。まず原価率の見直しです。前の経営者が30％以下に抑えるようにと言っていたのを35％まで認めました。

また、値段に関係なくおいしければお客様は喜ぶのだから、高価な材料を使わなくては質を上げられないというのは間違いだと、一から考え直してもらいました。しかし結局は料理人を替えて、もっと腕の良い方に来てもらうことになったのですが。昔から通っている地元の方には、経営者が替わってから食事がおいしくなったと評価していただいています。

それからこのあたり一帯には牧場があり、とてもおいしい牛乳が飲めるのです。それでジェラートなどを作ってブランド化していけたらと企画中です。

健康パーク（仮称）構想

開業以来、爆発的な人気で事業は快調に進み、これなら20年間の赤字から脱せられると確信を抱いた矢先のこと。２０２０年に入って間もなくコロナ禍が起こり、３か月間、クローズを余儀なくされました。そのため、〈みどりの郷〉の回復路線には急ブレーキがかかってしまいました。

もちろん閉鎖期間中、売り上げはほとんどゼロになり、がっくりきました。けれど、いつまでも落ち込んでいるわけにはいきません。ふりだしに逆戻りしたわけではないのです。リニューアルオープンからひと段落し、新しいレジャー拠点としての基盤は築くことができたので、これからは次のステップに進むための準備期間と捉え、より活気があり、より地域に貢献でき。なおかつより儲けられる施設にしていくためにすればどうすればいいか、計画を練り直すことにしました。

もともとここは40年以上前、観光施設でもあるとともに、地元の人たちが集うコミュニティの場を兼ねてスタートした施設でもあります。日帰り温泉に来るのは地元の人たちですし、敷地内にはスケート場もあり、ホテルを使って地元のイベントも行われます。

こうした特性を生かすとともに、「健康でありたい」「楽しみながら運動したい」「長続きする運動方法を知りたい」「孫と遊びたい」「子ども（孫）の小児肥満が心配」「ダイエットしたい」「いろんな人と交流したい」といったさまざまな年代の人たちの呟きを取り込み、日常生活と観光施設の融合を目指して〈健康パーク（仮称）〉を構想しました。

人生100年時代と言われています。

あなたは〈きんさん・ぎんさん〉をご記憶でしょうか?　あのお二人が100歳双子として話題になったのは1990年代半ば、今からおよそ四半世紀前のことです。

そのころ、日本における100歳の人の人口は4千人ほどでした。それが現在は約20倍の8万人。そして2050年にはさらにその7倍から8倍に増えるだろうと推定予測されています。

そんな超高齢社会になった時、不安・心配のもとは、なんといっても健康です。高齢者のほとんどは介護を受けることなく、自分の力で立ち歩き生活したいと考えるでしょう。つまり健康は万人に共通する、これからの大テーマなのです。

地方では高齢化が加速度的に進んでいます。旅館やホテルで高齢者のために健康というテーマにひも付けたサービスを提供すれば喜ばれるのではないか。

そんな仮設を立ててリサーチしてみると、わたしたちの構想したこのサービスが、いろいろな地域で求められていることがわかりました。商圏はかなり広く、岩手県内はもとより、南は福島、北は青森や秋田も圏内です。それぞれの地域では公的な保健・福祉団体が、高齢者のために健康増進を目的とした活動をしていますが、観光業の中にあるエンターテインメント性と癒し効果を盛り込んだ企画は、ほとんど行われていないようです。

行く先々（東北地方の各地）でプレゼンしてみたところ、たいへん評判がよく、早くスタートとしてほしいという声が上がるので、さっそく実現に向けて動いています。

もともと地元の人たちにも気軽に足を運んでもらえる生活密着型のサービスですが、平日は他の地方からも老人会とかバスツアーの団体客にどんどん来てもらおうと思っています。また、健康という老若男女に共通のテーマがあるので、高齢者から全年齢層に対象を広げてプランニングしています。

高齢者のコミュニティづくりとして

「楽しみながら心も体も健康に」をキャッチフレーズとした健康パークは、敷地内のホテル、スケート場、日帰り温泉浴場と、３つのスペースで展開します。〈健康測定・健康指導〉〈運動・交流〉〈温泉でリラックス〉〈楽しみ・人生の質改善・未病・健康生活〉という４つのフェーズを設けて、それぞれの体験を循環させ、それによって運動を楽しい習慣にしていくのが運営のコンセプトです。

健康測定は測定機器を用いた精度の高いもので、機器はお客様が自由に使えます。現在、導入を考えている測定機器は次の通りです。一例としてご紹介します。

①健康診断ナビ・脳年齢測定……簡単な入力で自身の健康状態を知ることができる。
②血管年齢・ストレス測定……心拍間変異と抹消血流循環を測定し、自律神経の機能、ストレス性疾患、心疾患、血液循環障害などを予測。

③血圧計……血圧と血行動態を測定することで、脳疾患や心疾患を早期発見。
④骨健康測定……超音波の働きを利用し、骨の強度を数値化。
⑤肌年齢測定……皮膚インピーダンス測定により、肌年齢や肌健康度を調べる。
⑥大成分分析……骨量、水分量、基礎代謝、肥満指数などを詳しく調べる。

これらの測定結果をもとに、個別相談と健康指導を行います。

運動教室は、ヨガ、ストレッチ、座ったままのボール運動、手先の運動を促すクラフト、〈笑い〉を呼び起こす各種おもしろ教室、孫とのテレビ電話教室、スマホ教室、オンラインツールによる遠隔健康教室、栄養バランスを考えた料理教室などの各種プログラムを考えています。

高齢者の場合、そもそも体を動かすこと自体が億劫だという人が多いので、普段からトレーニングに親しんでない限り、真面目でストイックなものだと続きません。あくまで楽しい雰囲気の中で、無理なく、遊び感覚で体を動かせることが基本です。

そのために大学などと連携してプログラムを作り、インストラクターとして迎える予定の理学療法士と相談して研究中です。その理学療法士もネットで発信力のある人なので、キャラクター化してオンライン・オフライン両面で講義してもらうなど、楽しくする工夫を凝らします。

また、これらホテル内の教室の他に、スケート場には運動パークを設け、年齢に関係なく体を動かす楽しさを提供していきます。

こうした企画は、高齢者向けの居場所づくり、コミュニティづくりというニュアンスも含めています。地方では配偶者に先立たれ、一人暮らしになってしまった人が増えており、時間を持て余したり、孤独を感じて精神的に参ってしまったりするケースも少なくありません。そうした人たちが少しでも健康を回復できるサロンのような場所にしたいのです。

遊び場感覚だけど、健康になる。汗をかいた人は温泉に入ってリフレッシュすることもできる。プログラム次第ですが、観光施設であるとともに福祉施設として認知されれば、介護保険の対象にもなるでしょう。

文化・知性をはぐくむ場として

スケート場の運動パークに関しては、子どもの遊び場も作ります。保育園と養老園が同じ建物、あるいは同じ敷地内で同居している公的施設がありますが、それと似た形で保育機能と養護機能を併設する――これも観光業における付加価値の一環です。

子どもの遊び場には私設図書館のような、カルチャー機能も加えて、子どもの読書習慣を養う場、知性を育てる場にもしたいと考えています。

岩手を含め、東北地方一帯は厳しい気候の影響もあって、農村が多く、全体的に貧困の歴史が長かった地域です。そのせいか首都圏などと比べると文化的成熟度が遅れており、要因として人々の読書習慣の乏しさがあるのではないかと考えています。わたしたちのスタッフや地元の人たちと接していて気づくのは、漢字が書けない人、言葉の意味を知らない人、ちょっとした長さのまとまった文章が書けない人が少なくないことです。

学校で一通りの読み書きは習っているはずですが、日常的に本を読む習慣がほとんどなくスキルアップしていないので、大人になるとともに忘れてしまうことが多いのでしょう。たとえまだ若くても、人間は常に勉強をしてないと、そうした能力はどんどん衰えていってしまいます。

それに読み書きが十分にできないということは、自分でものを考える思考力も育たないということです。これは人生にマイナスに作用してしまいます。マイナスになっていることにさえ気づかない人になってしまいます。

岩手県は、宮沢賢治や石川啄木など、日本人なら誰でも知っている文学者を輩出したり、民俗学者・柳田国男の「遠野物語」（民話を題材にした名著であり、日本の妖怪カルチャーの原典）の舞台にもなっています。

いずれも日本文化の血肉になるほどの永い生命力を持った素晴らしい功績です。こうした人・作品を生み出した土地なのですから、読書に親しむ土壌は十分にあるのです。わたしたちは楽しみと健康増進を提供するとともに、そうした知性や教養や文化を育て、人を育てる一助になることも観光業の仕事の一つとして捉えています。

近代日本の面影とコスプレ

健康パークの開設とともに現在、町役場からの依頼で事業化を検討しているのが〈軍馬の郷〉という施設の運営です。旧陸軍の軍馬の育成・購買・供給に携わる官僚の官舎だったところで、国の有形文化財になっています。

また、ここはプロスキーヤーであり、２０１３年、世界最高齢（80歳）でエベレスト登頂に成功した登山家としても知られる三浦雄一郎氏が、子ども時代に暮らした住まいだったところでもあります。

建物は3棟あり、いずれも明治末期の木造建築で内部の造りも含め、レトロムード満点です。第1棟は歴史的資料を保存する〈軍馬の郷　六原資料館〉として改装され、三浦氏が名誉館長を務めていますが、わたしたちは金ケ崎町から残る2棟の実質的な運営を任されたのです。

町の予算で修復もでき、外側は変えられませんが、内装は間取りも含めて商業施設として設計変更可能です。国の有形文化財をレストランや宿泊施設にしてしまっていいのかと、びっくりしましたが大丈夫とのことなので積極的に取り組み始めました。そこで思いついた活用方法が、近年愛好者が増えている〝コスプレ〟の会場です。

実は同資料館のお披露目で（そのときにはまだわたしたちは関与していません）、明治時代の軍人とか、大正ロマン時代のハイカラさんみたいなコスプレイヤーが大勢集まり、開設式のイベントを盛り上げたのです。

それから最近見たニュースで、栃木県那須にある〈石川荘〉という小さな旅館の事例があります。この旅館ではコロナ禍で宿泊客が激減したときに、コスプレを趣味としていた娘さんの発案で〈コスプレの宿〉としてSNSで宣伝しました。するとたちまちコスプレイヤー御用達旅館となり、話題を集めたのです。もちろんその裏には、周辺の神社や商店などを回って撮影許可の交渉を取り付けた経営者の方の努力があります。

これと同様、わたしたちの若い社員の中にも岩手県内にあるコスプレチームに入っているコスプレマニアがいます。彼女にこのアイデアを話したら、すぐにでも行きたい！　と興奮気味のリアクション。おかげで自信を持ちました。

こうした開設式や石川荘の事例を参考にして、〈軍馬の郷〉を中心に、この界隈でもコスプレイヤーやレトロ愛好家の人たちを呼び込む企画を立てているのです。

いわゆる歴女《れきじょ》など、歴史上の武将や有名人のファンは以前から注目されていましたが、最近は明治・大正・昭和といった〝近過去〟の時代にも関心を寄せる人が増えています。2020年秋、驚異的なヒット映画となった「鬼滅の刃」の時代設定は大正時代。今から百年ほど前の日本を舞台に物語が展開することも、大ヒットの要因の一つと言われています。

こうした〝過ぎ去りし近代日本の面影〟を残すものは、いまや貴重な観光資源であり、認定のあるなしに関わらず、すべてが文化財と言っても差し支えありません。人々はそれらの遺構や遺品を見学して単に知識とするだけでなく、小説・映画・マンガ・アニメ・ゲームなどのフィクションなどと掛け合わせ、自分の人生を楽しく豊かにするコンテンツとして、より深く関わろうとします。

オタクとかマニアックな印象を受けるかも知れませんが、そうした人たちをお客様として取り込んでいくことが、今後の観光業を活性化させる一つの鍵になります。わたしたちは、このような嗜好の変化も察知しながら、この金ケ崎界隈をユニークな観光スポットに育てていきたいと思っています。

POINT

広く、印象的に存在感を示した後は、観光と日常生活のボーダーレス化を実現させて、本当の再建を達成する。

3　栃木・日光　新テーマパーク事業

栃木の名産品と言えばイチゴ。〈とちおとめ〉や〈スカイベリー〉などの品種はすっかり有名になり、生産量は全国でダントツの第1位です。イチゴ狩りの観光農園でビジネスを行ってきたわたしたちにとって、この〈イチゴ県〉はもともと気になる存在でした。

その栃木が、ブランド総合研究所が毎年行っている都道府県別魅力度ランキング2020で47都道府県の最下位に！　マスメディアは一種の面白ネタとして大騒ぎです。

しかし、役所は割と冷静で「最下位はかえって話題になっていい」と涼しい顔でした。

わたしたちもその意見に大賛成です。これで栃木県への注目度がますますアップし、ここで新事業を計画中のわたしたちとしてもPRのしがいがあるというものです。

わたしたちがやろうとしているのは、小田原・岩手でつかんだノウハウを集めて日光という観光ブランド地で花を咲かせようという、いわば現時点での集大成であり、さらに地域活性化事業の貴重な実績を積み上げることです。

恵まれた環境の中で準備を推進

そもそも栃木に関わったのは、鬼怒川温泉のコンサルティングを始めた2019年の7月以来です。第1章でもお話ししましたが、鬼怒川のような観光ブランド地でも中小はそこまで厳しいのか！　という実態を目の当たりにしました。そしてなんとかこの地域の集客力を上げたいと思い、ここにも観光農園を開設したら……と思いついたのです。

個人のお客様を増やすことはもちろんですが、鬼怒川温泉に泊まるのは大半が東照宮を訪れる団体客です。ですから東照宮参拝のビフォアかアフターに観光農園があると、スケジュール的にもちょうどいいし、お客様満足度が上がり、価格も高くしたパッケージプランにできるのではないか、と考えたのです。

というわけで岩手の事業がひと段落した2019年の秋、イチゴの苗や肥料のことなどで取引のある有限会社T&Tナーサリー（栃木県日光市）の社長に相談に行き、「こちらでも観光農園をやりたいので土地を貸してほしい」と切り出しました。

すると「日光にはショボい施設しかないので、新しい印象を与え、観光客が滞留するような観光施設を作ってほしい」と言われました。それに応じてイメージした企画が、星野リゾート軽井沢のハルニレテラスと観光農園を合体させたような施設です。

その企画を栃木県に提出し、周辺一帯の地権者を回って借地の交渉をする一方、銀行と資金調達の相談を進めてきました。そうして県から〈地域経済牽引事業〉の認定を受けたのが２０２０年３月。恵まれた環境の中で準備を進めることができ、事業用地の確保、建物の設計もほぼ完了し、２０２１年からいよいよ建設工事に着手。２０２２年春のオープンを予定しています。

商業施設×観光農園×健康パーク

ここにつくる新しいテーマパークのコンセプトを簡潔に示すなら
商業施設×観光農園×健康パーク　です。

経験値をそのまますべてつぎ込み、観光農園、飲食店、カフェ、お土産販売店、宿泊施設、岩手の健康パーク同様の体験型施設などを複合させた新しいリゾート施設を建設します。

これまで小田原・岩手で行ってきたものを日光・鬼怒川のような日本を代表する観光地で展開するとどんな化学反応を起こすのかも楽しみです。行政からも民間企業からも、地権者など地域の人たちからも、大きな期待を抱いていただいているので、ぜひそれに応えたいと思っています。

かつての団体旅行客で賑わうイメージから抜け切れず、栃木の観光地一帯は長期的に見ると地盤沈下を起こし始めています。わたしたちのテーマパークが、そのイメージを払拭し、古い観光地を活性化させる良い刺激になればいいと考えています。

そういう意味では今は栃木県にとって転換の大きなチャンスです。と言うのは魅力度ランキングに反して、実際は栃木に対する注目度は以前よりもかなり上がってきているのではないかと感じるからです。

その要因は首都圏からの引っ越し先やワーケーションの用地として最適なロケーションでしょう。田舎なのに東京に近く、都心からのアクセスも便利。日帰りしようと思えばできるし、1泊して少しゆっくりしていこうとすればそれもできる。どちらも選択可能です。日光・鬼怒川、さらに那須といった観光地・保養地が発展したのも頷けます。

そしてコロナ禍によるライフスタイルの変化が影響を及ぼしています。テレワークが普及し、通勤の利便性を重視して都内に住んでいた人たちが、地方へ移住するというパターンは今後増えていくでしょう。

ただ、完全に東京から離れてしまうのは不安だし、現実的にそこまではできないという声も多く聞かれます。そういう人にとっては同じ関東圏でありながら、首都圏とは異なる雰囲気と、日光や那須など豊かな自然のある栃木は有力な選択肢になるでしょう。

ワーケーションの可能性

また、ロケーション的に、観光地やリゾート地でテレワークを活用し、働きながら休暇をとるワーケーションにも向いています。

もちろんWi-Fi整備やスペースの改装などは必要になりますが、旅館・ホテルの未来を考えた場合、ワーケーションのような需要に向けて、1週間とか10日といった、まとまった連泊プランを充実させるといいかも知れません。1週間2万円、3万円程度であれば、ぜひ利用したいという人はたくさんいるのではないでしょうか。普通の旅館・ホテルでも温泉があれば、そういうワーケーションを取り込む素地は十分あるのです。

じゃらんや楽天でも「ワーケーション」といったコーナーを作ってリーズナブルな値段で1週間連泊可能という提案を出したり、食事も宿で毎日料理を提供せずに、朝食だけとか、夕食は前日予約制にするとか、その代わりに地元の飲食店と提携して土地の食事を楽しんでもらうとか、利用するお客側の立場に立って、いろいろフレキシブルなプランを考えていけるのではないかと思います。

また、企業の研修地として利用してもらうことは積極的に考えていいのではないでしょうか。栃木にはそうしたプランを取り込める条件が揃っています。

経営難に悩む栃木の観光業の人たちのお役に立てるよう、わたしたちは新しいテーマパークの運営を軸として、観光再生のためのＰＲ、コンサルティング、提案なども行っていこうと考えています。

POINT

日本人のライフスタイルのターニングポイントが訪れている。いま地方の活性化のために何ができるか考え、行動するとき。

4　中小旅館やホテルが取組み可能な事例

わたしたちの取り組んでいる3つの事業についてお話してきましたが、岩手やコンサルタント先などでは健康パークの開設とともに、実現に向けて動かしている企画がいくつかあります。いずれもコロナ禍において、他の地域でも中小の旅館やホテルが取り組める事例ですので、いくつかご紹介しましょう。

コツはAを少し進化させてAとするのではなく、AにBを加えてCにするという点です。〝A＋B＝C〟。手元にある資源Aに異質な要素Bをプラスして新しい価値を持ったCをつくる。それがありきたりでない新しいサービスを生み出すコツです。

お菓子コラボでオリジナル商品を開発

観光農園で出るイチゴやブルーベリーの半端ものは、捨てずにジャムやお菓子など、オリジナルの六次化商品にして、おみやげとして販売しています。

この六次化商品開発に際して〈松栄堂《しょうえいどう》〉という地元の老舗和菓子店とコラボレーションし、お菓子を作りました。イチゴとミルククリームをもちもち食感の団子で包んだ〈いちごみるく団子〉や、ブルーベリーをセミドライにしてバタークリームに包み、香ばしいクッキーで挟んだ〈ブルーベリーバターサンド〉は大人気商品になっています。

お菓子に限らず、地域にこうした技術とノウハウに長けた会社・職人がいれば、コラボレーションすることによって、オリジナル商品を生み出すことができます。

相手にとってもブランドを広げられるというメリットがあるので、躊躇せずに声をかけてみましょう。喜んで協力してくれるところは少なくないと思います。

写真：いちごみるく団子

写真：丹精込めて育てたイチゴやブルーベリーを余すことなく活用する

郷愁を刺激する〈おばあちゃんの漬物〉はそれだけでブランド

〈みどりの郷〉のホテルの朝食で出している漬物がさりげなくおいしいのです。たくあんとか、かぶ漬けとか何の変哲もない、地元のお年寄りが作っている漬物ですが、これをブランド化して商品にします。

漬物が得意なお年寄りはどの地域にもいると思います。わたしたちは役場の人に相談してその作り手を探し出しました。小さな町や村なら役場の人が知っている場合が多いのでぜひ相談してみましょう。

〈○○おばあちゃんの漬物〉とか〈△△村のおふくろの味〉と言うと、一種の郷愁を覚えるのでしょう。旅行に来たお客様にとってはただそれだけで、おいしそうだ、せっかくだからおみやげにしよう、という気になります。ノスタルジーは大切な要素なのです。

自分の地域をよく見て、そうした日本人の心に訴える商品を開発しましょう。

町中華の昭和カレーでタイムトラベル企画

かつては日本全国、町中のどこにでもあった〈町中華〉は、中華料理店というより定食屋に近く、ラーメンやチャーハンの他にもいろいろ雑多なメニューを揃えていました。そこでは昭和に育った人には懐かしい黄色いカレーが出てきます。

岩手の金ケ崎町では毎年10月に〈O－1グランプリ〉というフードイベントを毎年開催しています（ただし2020年はコロナ禍で中止）。O－1《オーワン》というのはお椀。どんぶりのこと。何でもかんでもどんぶり飯にして出展するのですが、参加する町内の飲食店は昔ながらの店がほとんどです。そこでわたしたちが食べたのが町中華の黄色いカレーでした。聞けば昔から有名なのだそうですが、おいしいかと言うと別にそこまででもない。けれどもノスタルジーはおいしい味付けになります。こうしたものも地域の名物、地域グルメとして宿泊プランに組み入れられるのです。

〈軍馬の郷〉の項目でもお話ししたように、懐かしさを感じられるものは人の旅情を刺激し、魅力的に映ります。コスプレと連動して明治・大正・昭和というタイムトラベルを疑似体験しよう、といった企画にしても面白いかもしれません。

地場野菜のイタリアンでランチ需要に応える

地場野菜も強力なコンテンツです。東京で修業した若いシェフが里帰りして、地場野菜を使ったイタリアンの店を出していますが、それも町中華のカレーと同様、地域グルメとして売り出します。

ノスタルジー一辺倒でなく、明るくフレッシュな店・メニューもあることで、その土地の多様なおいしさ・面白さをアピールします。特に金ケ崎にはキャラが立っていて個性的な店がいくつかあります。他の地域でもそういう目で探せば面白い店は、けっして少なくないと思います。

町中華と地場野菜のイタリアンはランチ需要です。老人会などの団体客ツアーは、お昼の12時チェックイン・チェックアウトなので、ランチのお世話をする必要があるのです。これはただ食べるだけでなく、地域を体感していただくチャンスが増えるということなので、しっかり取り組めば、観光の目玉の一つにできるでしょう。

地域の食堂を取り込む理由：調理人不足に備えて

これらの食堂をイベントチックに扱うのは、もう一つシリアスな理由があります。最近、ホテルも旅館も調理師の人手不足が深刻化しており、募集してもなかなか人が見つからないケース、あるいは70代・80代といった高齢の調理人に頼っており、後釜もいないといったケースが増えています。現実に一部ではもう食事を出さない（出せない）ところも出てきています。

調理人を雇えない旅館・ホテルは、これ以上がんばって宿で食事を提供しなくてもいいのではないでしょうか。朝食だけは用意する必要がありますが、昼食・夕食は町の食堂で地元の名物を楽しんでもらう、自分で探すのが億劫だというお客様にはおすすめのお店を何軒か紹介するといったスタイルに変えた方がいいと思うのです。これも現実にそうしているところは出始めています。

そして、どうせ外で食べてもらうのなら、旅気分・観光ムードが盛り上がるよう、特徴をつけてサービスの一環として組み入れたり、イベント的な仕掛けをしたほうが楽しく、お客様の思い出づくりにも役立ちます。ぜひ地域の飲食店との連携を考えてみてください。

お国訛りガイド／方言クイズ大会は心に残るサブコンテンツ

東京から来たわたしたちが岩手で地元の人と話をしていると、訛りやアクセントが強すぎて、半分くらいしか会話を理解できないことがしばしばあります。にもかかわらず、そうした会話をすると「ああ、今、岩手にいるんだなぁ」とひしひし実感でき、じんわり体が温かくなります。

この企画は、そういう訛りの強い地元の人にあえて観光ガイド役になっていただく。さらに、その土地の方言に関するクイズを出していただくというものです。

地域巡りツアーの合間とか、バスでの移動時間を使って楽しんでもらう、いわば穴埋め的なサブコンテンツですが、こうした些細な内容のものが意外とお客様の心に残るのではないでしょうか。

退屈を紛らわせるインベーダーゲームで心の穴を補修

今から40年以上前、１９７０年代後半から１９８０年代前半（昭和50年代）にかけて喫茶店やゲームセンターでインベーダーゲーム（スペースインベーダー）を夢中になって楽しんだ人は大勢います。他にパックマンやギャラクシーなど、シニア世代には懐かしいこれらのゲーム機は現在入手可能となっており、しかもそんなに高額ではありません。

夜、出かけるところがなくて退屈だと言い出すお客様は必ずいるので、ラウンジなどにゲームコーナーを設け、大流行した昭和のひとときを楽しんでいただき、旅先で感じがちな心の穴を補修していただくことも一考です。

民泊のアイデアを借りた面白部屋で集客効果

近年、都市部で増えた民泊は旅館・ホテルのトータルなサービスと違い、宿泊のみに特化しています。要するに「どこか変わったところに泊まりたい」と希望する人を対象にしています。そのためインターネットの民泊サイトを見ていると、かなりユニークな部屋が目につきます。

そこでそのアイデアを借り、〈みどりの郷〉でいわゆるキャラクタールームを提供しようと考えつきました。ホテル全体の1割くらいはそうした個性的で面白い部屋があったほうが集客にはプラスになります。

そしてここに来たら必ずその部屋に泊まりたいという熱狂的なファンができれば、面白い取り組みをしていると、マスメディア取材が入って宣伝になる可能性があります。そうした変化球も入れた、メリハリのある経営が大事ではないかと思います。

歴史・伝説ツアー

どの地域にも、その土地の歴史に詳しい郷土史家のような人がいます。話術に長けていれば、そうした人にガイドツアーをやってもらうのも企画として面白いでしょう。本に載っている話でも現地で歩きながら観て回る、つまり体を動かしながらライブで話を聞いているととても楽しめます。

わたし（佐々木）は郷土史家ではありませんが、岩手では2つくらいそういう郷土史関係で話ができます。

一つは「義経北行伝説」です。わたしはこれに関する本をほとんどすべて読んでいます。

プラスアルファ、平泉を統治していた奥州藤原氏滅亡の真実、戦時中満州にいたお年寄りの証言、チンギスハンを義経と信じている中国の留学生など、面白いネタを交えて一通りのストーリーを語れます。

もう一つは宮沢賢治の話です。彼は霊的なものが見える人で、当時交流のあった人たちはそのことを伝えています。「賢治先生、授業のときによく幽霊の話をしていました」という農業学校の教え子だった人の証言もあります。

宮沢賢治の文学は、霊能力的なものを通して幻視したさまざまな事物のビジョンをそのまま詩や童話に起こしていたようです。専業作家だったわけでもなく37歳の若さで亡くなりましたが、その割に著作が多いのはそうした創作の秘密があったからかも知れません。

盛岡の森荘《もりそう》已池《いち》という直木賞作家は賢治作品の研究もしており、その創作作法のことについて書き残しています。調べるといろいろ興味深いエピソードがたくさんあるのですが、一般的にはもちろん、地元・岩手の人にもほとんど知られていないようです。

他の地域でも語り部ができる人を発掘し、その土地の歴史・伝説ツアーを行うのは、地域文化の復興につながります。

その地域の自然環境によりますが、ラフティングというボートに乗って急流を川下りする体験や洞窟などに入る体験、キャンプやトレッキングといった自然体験なども観光旅行と相性の良い企画になります。

ただし、危険を伴うこともあるので、実施する場合は役所や関係団体と十分に相談・検討することが必要です。これらはアウトドアライフに詳しい専門家・会社もあるので、相談したり、提携してみてもいいかも知れません。

また、陶芸やガラス細工、染物など、自分でものづくりを行う工芸体験も観光客にとって楽しみの一つです。これらはその地域ならではの要素をひと工夫加えることで魅力的なサービスになると思います。

POINT

「こんなことが観光資源に結びつくのだろうか？」と最初から判断しない。資源は思わぬところにあるし、それを発掘する努力を惜しまない。

コラム③ 実験庭園

わたし（佐々木）は本社のある日本橋、そして小田原・岩手・日光の他にも、普段から全国あちこちを飛び回っているため、自宅（埼玉県越谷市）にゆっくり滞在していることはあまりありません。しかし、２０２０年は新型コロナウイルスの感染防止のための自粛もあったため、比較的、自宅にいる時間が多かった年です。

リモートで会議や打ち合わせに参加したり、取材を受けたりする合間に取り組んでいるのが庭造り――ちょっと洒落て言えばガーデニングです。

自宅の住空間は全体がカタカナの口の字型になっていて、家の真ん中が30坪ぐらい（約99㎡）の中庭になっています。そこでいろいろな植木を植えたり石を敷いたりして、リゾート施設をつくるための実験を行っています。安く庭園を作るにはどういう方法があるか自分の庭を使って検証するのです。

外側からは一切見えないプライバシー空間なので、けっこう楽しめるというか、コテージを建てたり、露天風呂を作っても大丈夫です（さすがに温泉は出ないので、お湯はお風呂からモーターで寄せてくるしかないのですが）。別荘に来たみたいだねと、よく人に言われるのですが、実験をいろいろやっているので、自然とそう見えてしまうのでしょう。

和モダンに見えるように芝生のゾーンと玉砂利のゾーンとを分けています。暇を見つけては近所のホームセンターを車で何度か往復して、20キロ入りの袋で売っている玉砂利を累計2トンくらい仕入れて庭に入れました。

家族からは完全に任されているというか、放置されています。ただ、「デザインどうだ?」と聞くと「悪くない」という返事なので、きっとそこその庭にはなっているのでしょう。

そんな庭でときどき月光浴や焚火をします。日光浴はありますが、わたしは月の光を浴びながらいろいろなことを考えるのです。火打ち石で火を起こしてやる焚火も最高です。これもきっとひと工夫加えれば、宿泊のお客様に提供できるサービスになると思います。

石や植物を見ていると、気持ちが安らぐとともにインスピレーションが刺激されて、良いアイデアも湧いてきます。観光の仕事に携わるのなら、できるだけこうした自然を見つめて対話することが必要だなと感じます。

第4章

観光業の未来

1 観光業として、目指していきたい未来像

未来に向けて旅館を、ホテルを、観光業を変えていくためには、目先のことだけでなく、大きな視野で世の中を見る視点が必要です。今回のコロナ禍でもおわかりのように、観光は社会の状態・社会の在り方、人々のライフスタイルと密接に関わっています。

いま、社会がどこへ向かって進んでいるのか、それに合わせて人々がどのように考え方を変えていくのかを想像し、探索してみましょう。

未来志向から現在の自分をみる

「未来志向」とは自己啓発系の書籍やセミナーでよく聞く言葉で、「ビジョン」とか「ミッション」などを考える際に大切な志向です。まず理想的な未来を先に決め、その未来を実現するために現在やるべきことを逆算して考えていくわけです。

わたしたちは観光農園をやろうと考えてから農業を独学で勉強し、1年で実現できたのですが、ビジョンが鮮明なら、そこへ向かって進むんだという信念が生まれます。信念が

あれば迷うことなくミッションを定めて行動できるので、短期間で目的を達成するのも難しくありません。

自分の施設・自分の地域が持っている資産と未来像をどうやって結び付けるか？　考え方の秘訣として、目先のビジネスをいったん忘れて、できるだけ視野を大きくして社会全体のこと、ライフスタイル全般のことを考えてみるといいのではないでしょうか。

今後の社会はどうなっていくのか、どんなマインドを持った人が増えるのか、新しいマインドを持った人たちの生活にとって観光旅行、観光施設はどんな意味を持つのか。そうした視点が未来のビジョンをつくることに役立ちます。

たとえばＳＤＧｓ（持続可能な開発目標）、また同様に持続可能という意味を持つサスティナビリティという言葉が、今後の社会活動、経済・産業活動のキーワードとして、にわかにクローズアップされています。

これらはもともと地球環境にダメージを与える大量生産・大量消費文化へのアンチテーゼとなる概念です。そのため環境問題を語る際にしばしば用いられ、ＳＤＧｓは２０１５年の国連サミットのテーマになりました。それがここ最近、一般の間でも急速に広がり、新しいライフスタイルへの転換に欠かせないキーワードとして使われるようになりました。

単なるファッションと異なる本質的なライフスタイルのチェンジへ——こうした時代の流れは必ず人の嗜好に何らかの作用を及ぼします。具体的に形になって表れるのはまだ数年先かもしれませんが、それを意識した観光の在り方、宿泊施設の在り方が求められるでしょう。

宮沢賢治「農業芸術概論」を追求

ちなみにわたしたちの会社では企業理念のベースに、宮沢賢治の「農業芸術概論綱要」を置いています。ご存じかと思いますが、宮沢賢治は岩手県出身の文学者であり、農業学校の教師も務めた人です。その彼が今から約１００年前の１９２６年（昭和元年）に農村指導の講義用として書いた文章が「農業芸術概論綱要」です。その序論には、

「世界がぜんたい幸福にならないうちは個人の幸福はあり得ない」
「自我の意識は個人から集団社会宇宙と次第に進化する」
「新たな時代は世界が一の意識になり生物となる方向にある」
「正しく強く生きるとは銀河系を自らの中に意識してこれに応じて行くことである」

などといった文章が並んでいます。

一見、宗教的ですが、人々のマインドは少しずつこのような精神に歩み寄ってきていると思います。わたしたちの会社も宮沢賢治が示した理想にのっとり、100年先を見据えて〝みんなの本当の幸福〟を、事業を通じて実現していきたい、そこに一歩でも近づきたいと考えています。

人々をおもてなしするために旅館やホテルを再生しようという人、あるいはこれから観光業をやろうという人たちにとって、多かれ少なかれ、こうした考え方は必要とされるのではないでしょうか？

いい大学へ行って、いい会社に入って、それが幸せだという価値観は消え去りつつあります。ひとりひとりがいわゆる自分らしさ――自分が持って生まれた資質と与えられた環境に応じて生き方を考え、それぞれの人生に取り組みながら社会が発展していく――そんな時代がすでに訪れていると思います。

ただ、その根底には自分らしさばかりではなくて社会性が必要です。社会性を養うためにはモラルや教養が必要です。幸い日本はそうしたモラルや教養に支えられた社会性が十分に発達している国です（その要因は、日本人がもともと持っている自己献身性と、江戸時代の250年以上にわたる社会の平穏がもたらした文化・生活習慣の影響が大きいと考えています）。

だからそうした日本人の良い部分はしっかり受け継いでいきながら、新しい文化、新しい価値観をつくれればいいと思っています。そして、観光業も人間社会の発展に与することができるだろうと希望を持っています。

現実的には今後も短い周期で、それぞれの時代のトレンドや、流行り廃りの波は起こるでしょう。しかし、そうした表面的な事象に左右されない、新しい文化、新しい価値観に裏打ちされた永続的なコンセプトをつくることが大切だと考えています。

人命・人権を尊重する社会への変換

それでは今、わたしたちの社会はどのように変わりつつあるのか、身近なところから考えてみましょう。

街ゆく人々の手のひらにはスマートフォンが握られています。ＩＴ技術は日進月歩で進化しており、情報化によってデータベースが整うと、あらゆる面でそのデータを生かした社会システムやサービスが生まれます。その先にあるのは、安全で安心できる生活です。そして安全で安心できる生活の背景にあるのは、〈人命や人権の尊重〉という社会的命題です。

たとえば交通事故です。交通事故に対する法規制が、この10年ほどの間に非常に厳しくなったことは、ハンドルを握る人なら誰でも実感しているのではないでしょうか？

昭和の頃、人身事故を起こさない限り、飲酒運転などはけっこう大目に見られていました。しかし今は厳罰化されています。ひき逃げもそうです。事故を起こして数分でも現場を離れたら、それは直ちに犯罪として扱われ、弁明の余地はありません。ごく最近ではあおり運転に対する取り締まりも強化されました。これらの法規制は、過去の痛ましい死亡事故に対する反省と、ひとりひとりの人命を尊重する精神が育ったことから整備されたものです。

また、人権意識の高まりも昭和から平成へ、平成から令和へと移るうちに顕著になりました。セクハラやパワハラなどは、以前なら職場や社会の常識としてあって当然、我慢できない被害者のほうがおかしいと、見過ごされてきた問題です。

障がい者やLGBTなど、マイノリティの人たちはできるだけ社会から見えないように生きることを強いられていました。それが次第に声を上げられるようになり、自分の意見を主張できるようになってきました。

こうしたことは今から振り返ってみれば大きな社会変革であり、未来では人命・人権にまつわる人々の意識、そして社会のサポート機能はさらに大きく改善されていることでしょう。観光業も人間と向き合う仕事です。ですから、こうした人間のマインドの変化を想定して、社会における役割を考えるべきだと思います。

100年後の観光をイメージしてみる

すると観光旅行は22世紀のはじめ、100年後はどうなっているでしょうか？

「そんな先のことはわからない」

「その頃、自分はもういないから関係ない」

もちろんそうなのでしょうが、そこで思考を停止せず、日本、世界のことについて一度真面目に考えてみましょう。この一世紀の間に社会がどう変わるのか、身近にいる人たちとも話し合ってみてください。そこにあなたの宿を、地域を変えるヒントが潜んでいるはずです。

まず普通に考えられるのは、交通機関や通信システムがより発達し、さらに便利になっている状況です。そうすれば心理的な距離が縮まって、海外旅行が今の国内旅行のようになっている可能性があります。東京に住んでいる人が北海道や九州に行くのと同じ感覚でアメリカやヨーロッパに行く。すると国境の概念も薄れて、島国の日本も海外とより密接につながり、互いの行き来もより頻繁になっているでしょう。

そんな中ではおそらく誰もが、日本人としてのイデオロギーとかアイデンティティとか精神性を求められ、意識せざるを得なくなります。現在でも外国人観光客の多くを引き付けるのは、マンガやアニメのようなサブカルチャーや先端技術だけでなく、衣食住の端々に見られる日本的ユニークさです。

華やかで風情のある日本の着物、世界で最もバラエティに富み、おいしさ・ヘルシーさも最高レベルの日本食、心地よく暮らしやすい空間を備えた日本家屋。そうした世界にアピールできる日本らしさ、日本の魅力を心得て、日本人の文化を守り伝えていくというマインドがより重要になると思います。

また、そういう時代になると、観光と日常生活の境界がだんだんなくなるのではないかという予感がします。日常生活でちょっとその辺に買い物に出かける感覚で1泊旅行に行くとか、改まって遠出するというよりはもっと気軽に、北の山間の街、南の海辺の街まで泊まりに行って食事をするとか、ワーケーションで数日間、自宅の部屋のように旅館を使うとか……仕事と生活、あの業種とこの業種といった境界線も消えていくのかもしれません。

観光はハレの日の特別なイベントでなく、日常生活の流れに深く溶け込んでいくのではないかと想像します。もしそんな状況が訪れるとしたら、現在に立ち返って今、わたしたちはどんなことを観光業で行っていけばいいのでしょうか？

POINT

目の前のことばかりにとらわれず、俯瞰するとこれまでとは違った観光業の姿が浮かんでくる。

2 日常インフラとしての観光業

観光はお客様にとって日常から一線を画する癒しの時間、非日常の体験の機会とされ、観光業はそのニーズに応える必要があると誰もが思っていました。

それを一から否定するわけではありませんが、あえて相反する部分を作ることも大切ではないか。わたしたちはそう考えています。

〝不要不急ではない部分〟をつくる

今回のコロナ禍において観光は〝不要不急〟のものとされてしまいました。この経験を今後に生かすとするなら、わたしたちは観光業の中に〝不要不急とされない部分〟、すなわち日常生活のインフラになる部分を作っておかないといけません。これまでは観光専門——宿泊と飲食の提供だけでやってこられたところも、もうそれにこだわっていられなくなります。なぜなら経営困難に陥るリスクが高まるからです。

専門でやっていくのは資本力があり、リスクに耐えられる大手に任せましょう。中小旅館・ホテルには副業が必要です。それが繰り返しお話ししている〝付加価値〟です。これからは観光の要素を備えた付加価値が、その施設の存在価値を創ります。利用客を集める決め手となります。そして副業が本業を上回る収益を生み出すのです。

農業は相性抜群

小田原・岩手・栃木における事業活動を見ておわかりのように、わたしたちは農業、介護、福祉、保育、教育の補完といったジャンルで付加価値を創り、観光業の新しい生き方を見出しています。

わたしたちのように観光農園までやっていなくても、農業体験を一つの観光資源にしているところは割と多いのではないでしょうか？

旅館・ホテルがあるところは基本的に田舎なので、地域の農家の人と提携すれば、芋掘りなどの収穫体験などはすぐに始められると思います。収穫だけでなく、それを焼き芋にするなど、調理の体験が加わると、それがまた一つのコンテンツになります。

もちろん、自分たちでやる気があれば農業を勉強して、旅館・ホテルで専用の田畑を開いて耕し、作物を育ててもいいでしょう。その作物を使って六次化を実行し、オリジナルのおみやげを作って販売したり、ちょっとしたカフェやレストランを開けば、お客様に喜ばれるでしょう。観光業と農業との相性は抜群です。

福祉面は地域と連携して

福祉方面に関してはどうでしょうか?

地方は人口が減る一方で、高齢者が増えるので社会保障費が上がります。ですから福祉関連の市場自体は広がっていくのです。観光業が遠慮してその市場に参入しないという手はありません。

設備投資がたいへんではないかという懸念もあると思いますが、健康パークで使う測定器類などはそんなに高額なものではありません。まとめて買えば数百万円になりますが、一つずつなら安いし、プラス、運動や食生活のコーチなど、健康関連のサービスを提供していけば、その地域の生活に入っていけると思います。

それから精神面での健康をケアするという課題もあります。

これからの高齢者は、高度経済成長の豊かな時代に育った人が増えてきます。そうした人たちは今まで同様、温泉に入って食事を出すだけでは満足できません。彼ら・彼女らの青春時代や活躍していた時代の記憶を刺激するもの、いわば昭和レトロや、バブル時代を回顧できる平成レトロをテーマにしたコンテンツを提供すれば喜ばれるかも知れません。

そして、保育や教育活動への参加を通して地方の子どもの文化レベルを上げることにも取り組んでほしと思います。子どもは未来のお客様でもあります。子どもに関わることは未来の仕事の土壌を耕すことにもつながります。

これらの活動は単独で行うのではなく、地域との連携が不可欠です。ただし最初から行政をあてにするのは失敗のもとです。行政が先導してうまくいった例は、ほとんど聞いたことがありません。

地元の企業と行政が提携し、企業主導で行政がそれをフォローしていく——車の両輪のように進んでいくとうまくいくだろうと思いますが、役所の人たちは結局サラリーマンです。観光課と言ってもほとんどは3年ほどで他の部署へ異動してしまうため、保守的な人が多く、難しいことや困難なことはとりあえずスルーしがちです。

だから進め方としては地元の地域企業や一部の有志が主導して行政を巻き込みながら変えていくのが最も理想的に、スムーズに変化を仕掛けられるのではないかと思います。

災害時の避難施設としての役割

2011年3月の東日本大震災のとき、〈みどりの郷〉は被災した人たちの一時避難所、そして、復興支援作業のために訪れたボランティアの人たちの宿泊所として活用されました。このように中小の旅館・ホテルも、災害が起きたときの避難所の役割を担うことができます。

ただし、その役割を担うには行政と話し合って、非常電源、食料や飲料水の備蓄が必要です。わたしたちは今、太陽光パネルと蓄電池のパワーをいろいろテストしています。ドライヤーはOKだけど湯沸かし器までは使えないとか。電子レンジとか炊飯器を使うのはどれくらいのものが必要か、しっかり調べて〈みどりの郷〉に設置しようと思っています。

地震や台風、集中豪雨などによる自然災害など、できれば考えたくないことですが、今後、社会は人命を守ることを第一に考え、こうした厄災に対するリスクヘッジを行っていかなくてはなりません。ロケーションやその施設の特徴にもよりますが、そうした要請があれば応じたり、あるいは積極的に提供することも観光業の役割の一つになっていくのかも知れません。

POINT

農業や福祉の分野、あるいは社会のリスクヘッジに目を向けると、観光業の新しい役割が見えてくる。シフトするにはそれなりの努力はいるが、ハードルはそんなに高くない。

3　地方創生事業としての観光

観光はわたしたちが唱える〈くらしをデザインする事業〉の主要な部分を占めています。観光業を活性化することは地方を元気にし、日本の将来を明るくするために欠かせないこと。あなたの旅館やホテルもそうした気持ちを持って仕事に取り組んでいくと見える風景も変わってくると思います。

「暮らし提案型企業」の意味

くらしデザインラボ株式会社は、「日本の将来を考える」をテーマに、観光などの事業を通じて、新しい暮らし方、地域振興を模索する〈くらし提案型企業〉です。

〈くらし提案型企業〉というのは、あまり聞きなれない言葉かもしれませんが、一例として挙げたトヨタやパナソニックをはじめ、いま、多くの日本の企業が（そう名乗っているかどうかはともかく）そうした型にシフトを始めていることは1章で述べた通りです。

今、わたしたちが暮らしているのは、すでに生活のさまざまなところにモノやサービスが行きわたった豊かな社会です。その中で単純に良い製品・良いサービスを提供しますよ、と言っても、人々は慣れっこになっていて、なかなか振り向いてはくれません。

しかしその一方で、子どもの貧困問題や教育の格差、難病治療、若者の低所得問題、高齢者の看護や介護、独居など暮らし方に関する課題など、さらに視点を広げれば、環境・エネルギー問題、障がい者やＬＧＢＴなど社会の弱者・マイノリティに対する人権の問題など、いくつもの社会問題はなかなか改善が進みません。

そんなバランスを欠いた状況の中、企業に求められるのは、より多くの人のために将来のビジョンを描き出せる、イメージの〈デザイン力〉と、それに対する解決策を示せる〈提案力〉です。

わたしたちはこれからの社会、これからの日本人の生き方はどうあるのが望ましいかを考えます。より豊かな社会におけるより豊かな生活のイメージを描いてみます。そして、それを実現するために、こんな製品、こんなサービスはどうでしょう？　と提案していく活動を行います。

ヒントは地方にあります。この国は南北に長く、海があり山があり、国土は起伏に富み、四季は鮮明です。そうした自然の特徴を備えているため、小さな島国でありながら、それぞれの土地の異なる風土から生まれ育った文化がひしめき合い、それらの多様な文化がバランスを取り合って共存してきました。それが日本という国の根本的な豊かさであり、東京をはじめとする大都市圏は、長い歴史の中で培われてきた各地の多様な文化のエネルギーが集積された場所なのです。

都市部対地方、首都圏対その他といった対立軸が、よく議論の俎上に載りますが、これは間違っていると思います。それぞれの間でエネルギーの循環があるからこそ国全体の活力が生まれているのです。

現在、東京で暮らしている人たちの半分近くは地方出身者と言われています。高度経済成長期に地方から上京して定住した人たちの子や孫の世代も間接的な地方出身者と数えればその数は相当なものになるでしょう。

そうした歴史を顧みると、地方がこれ以上衰退してしまっては日本の文化の多様性、ユニークさが失われ、いずれ都市部から日本人のアイデンティティも消え失せて、国としての将来も危うくなるでしょう。そうした状況が今後１００年の間に訪れないとは限りません。

地方には将来の日本に欠かせない資産がたくさん埋まっています。自由を求める若者や、定年を迎えたシニア層、そして今回のコロナ禍で顕著になったように、通勤電車やオフィス勤務の束縛から逃れたい会社員らが、新しいライフスタイルの可能性を求めて地方へ移住を図るケースも増えています。

そんなことも踏まえてわたしたちは、日本を地方から元気にするにはどうすればいいかを考察しました。その中で事業として最初に形を成したのが、農業と観光業だったのです。この二つを軸にすれば、ビジネスと社会への貢献を矛盾なく両立させられます。

また、観光業は地方の文化を創る仕事でもあります。食事や温泉もそうですが、農業体験やその土地の伝説にちなんだイベントを開いたり、歴史的なもの・ストーリーを発掘し、その語り部となるお年寄りやオタクな郷土研究家と協力してガイダンスをつくる、工芸・美術・音楽など、さまざまな分野のアーティストなどと協力して新たなコンテンツをプロデュースするなど、温故知新の精神で面白いカルチャーを発信していくこともできます。観光は社会とひとりひとりの人生を豊かにするために、これから先も必要不可欠なものです。

そんなことをあれこれ思い描いてアクションを起こし、事業を展開してきたことは、ここまでお話ししてきた通りです。

小さな改革から大きな変革へ

幸いにもわたしたちが始めた事業は各地で好評を博し、集客・収益もそれなりの成果を上げてきました。ですからその過程で培った知識・ノウハウを多くの人たちと共有していきたい、と考えていました。そこに直撃したのが今回のコロナ禍です。

日本では戦後初めての大規模な感染症の広がりで、どう対処していいのかもわからず、ただでさえ沈下し始めていた中小旅館・ホテルはたちまち危機に瀕し、再生困難な状況に陥っています。しかし、ウイルスを恨んでも仕方ありません。もともとすでに潮時は訪れていたのです。

社会の変化は必然的なものです。わたしたちはいつまでも〝昭和の人〟ではいられません。生き抜くためには変化を受け入れ、慣れていかなくてはいけません。そして自ら習慣を変えなくてはならないのです。それは今日からでもできます。

たとえばインターネットにつながるパソコンかスマートフォンをお持ちなら、今すぐSNSかブログのアカウントを作って、100日投稿にチャレンジしてみてください。あなたの施設のことを100日間書き続けアップし続けるのです。アピールでもいい、提案でもいい、日記や独り言みたいなことでも構いません。

うちはこんな宿です。こんなサービスがあります。こんなお料理が食べられます。こんなお風呂には入れます。近くにはこんな見どころがあります。Ｇｏ Ｔｏキャンペーンに登録しています……書くことがないなと思ったら、写真に一言「うちの宿からはこんな風景が見えます」といったコメントをつけるだけでもいいでしょう。「いいね」がつかなくてもがっかりしてはいけません。読んでいる人・見ている人がいなくても、諦めて途中で止めてしまっては意味がないのです。

アピールするのに疲れたら、自分は観光業をこんなふうに考えている、こんな気持ちでこの仕事をやっている……といった内省的な話にしてもいいでしょう。とにかく１００日間続けて完走すること。時間と労力は使わなくてはなりませんが、費用はゼロです。完走してゴールしたとき、きっとあなたの中で何かが変わっているはずです。

大事なのは変わろうという意思と、それを証明するアクションです。アクションがあってこそ自分の意思をはっきりと自覚できます。どんな小さなことでもいいので、日々の業務とは別に何か新しいことを始めてみてください。

畑に種をまき、水をやり、辛抱強く手入れをし続ければ、やがて花が咲き、大きな実を結びます。あなたの旅館・ホテルがコロナ禍を生き抜き、新しい観光業の世界へ歩みだすことを願っています。

POINT

すぐにできる一歩から大きな変化を起こそう。行動を継続すれば必ず新しい未来を引き寄せられる。大切なのはそう信じること。

コラム④　冠婚葬祭

かつて旅館やホテルにとって冠婚葬祭の会場としての役割も大きかったと思います。冠婚葬祭には宴会が付きものなので収益も小さくありません。ところが最近はだんだん結婚式もお葬式もやらなくなってきて、そうした需要は激減しています。

シンプルウェディングといって簡単な式を身内だけで――というならまだいいほうで、結婚しても挙式をせず写真を撮るだけでおしまいというパターンが都市部だけでなく、地方でも増えています。

価値観がすっかり変わって、個人が自分らしい生き方を大事にするという考え方が広がりました。それに伴って挙式をしない、新婚旅行にも行かないという選択肢は今後まだまだ増えるのかなと思います。そうしたところにお金を使うという習慣が急速に失われているように思います。

お葬式のほうは、これまで地方では一定の需要があったのですが、それもコロナ禍で完全に崩れました。コロナが収束すればこの後戻るかというと、すでに人々のマインドが変わってしまっています。大勢の人を呼ぶ大規模なお葬式は、よほどの名士でない限りはやらなくなるでしょう。日々のニュースを見てもおわかりのように、有名人が亡くなっても身内だけの密葬（家族葬）ばかりで、それが普通に、常識になってきたのです。

旅館・ホテルの観光葬祭の需要――少なくとも大きな利益につながる需要は、もう忘れた方がいいのかもしれません。しかしたとえば地域の高齢者のために、これまでの観光葬祭とは違う、お見送りやお弔いをお世話できるような新しい企画は考えてみる価値があると思います。

あとがき

コロナの影響によって、いきなり予期せぬ、本来なら借りなくてもよかった借入金がドンと乗っかってきて、観光業を立て直すのはたいへんなことになりました。元金返済が始まる1年とか2年後には今まで以上に稼いでいないと返せない。というのが大半の中小旅館・ホテルの共通の課題になっています。

今までだってギリギリ精いっぱいでやってきたのに、プラスアルファの返済は正直、難しい。そうするとやはり今までのビジネスに加えて、何か新たな価値を生み出し、新しいお客様に来てもらわないと返せません。

この本の第3章でその付加価値に関する取り組みの例をご紹介しましたが、それ以外にもわたしたちは新しい価値を生み出す策をいくつか用意しています。すでにコロナ以前にやろうと準備していたもので、小さい旅館に対しても大きいホテルに対しても、ケースバイケースでいろいろアレンジできるので、具体的な提案ができると思います。せっかく温泉に入れる旅館・ホテルがなくなってしまうのは何とも惜しい。なくなってしまったら地方振興という面からも大きなマイナスになってしまうので、できる限りのお手伝いをしていきたいと思っています。

ただし、それはホスピタリティの精神を持っているところに限ります。お客様に喜んでいただこうという意識のない旅館やホテルは何を指導しても結局うまくいかないからです。そういうところはもう廃業してしまった方がいいというのが本音です。ひとりひとりのお客様にしっかり満足して帰っていただくことに一生懸命、情熱を持って取り組んでいる経営者の方々と、わたしたちは仕事をしていきたいと思っています。

この本の出版と同時に、そうしたコンサルティングも今まで以上に強化し、各地を回って講演も行います。ご興味のある方はぜひともご連絡ください。そして、わたしたちの企業コンセプトに共感できるようでしたら、力を合わせて日本の地方を元気にしていきましょう。

【編著者】
佐々木 司
社会起業家。東京都墨田区出身、産能短期大学卒。
会計事務所出身。複数の事業会社、上場会社で経営に参画したのちに、2016年9月に起業。「日本を地方から元気に！」を事業活動の目的として、くらしデザインラボ株式会社を設立し、現在、具体的には農業・観光業に深く携わっている。未経験の新規事業でも成功させる企画力と行動力には定評があり、人々の真の幸せに貢献できるようなビジネスモデルの確立のために日々模索・奔走している。

【著者】
坂井 勇作
中小企業診断士。岐阜県出身、2013年慶応義塾大学総合政策学部卒業。
新卒で投資運用会社である株式会社ファンドクリエーションに入社、地方での事業開発を中心にM&A、ベンチャーキャピタルの運用などを経験。2020年くらしデザインラボ参画。「栃木・日光　新テーマパーク事業」の事業開発に携わる。Y's コンサルティング中小企業診断士事務所の代表としても、資金繰りから事業計画策定・実行まで幅広く中小企業への支援に携わる。

変革の勇気
観光・サービス業が生まれ変わる方法

2021年 1月29日第1版第1刷発行

編著者　佐々木 司
発行人　榊原 陸
発行所　金融ブックス株式会社
東京都千代田区外神田 6-16-1
Tel. 03-5807-8771 Fax. 03-5807-3555
編集人　三坂 輝
制作協力　福嶋 誠一郎
装　丁　有限会社クリエイティブ・ヴァン
印刷・製本　新灯印刷株式会社

ISBN978-4-904192-90-0